책 읽고 부자 되세요!

_____ 님께

드립니다.

적게 벌어도 확실한____

부자설계

적게 벌어도 확실한
부자설계

문승열 지음

일취월장 부자 되는 성공습관 따라잡기

##

"

자수성가 부자들의 빅데이터

:
:

부자로 이끄는 힘

"

부자들은 대체로 분명한 의사결정을 위한 건전하고 지적인 사고체계와 그것이 흔들리지 않도록 감정을 조절하는 능력을 갖고 있다. 이러한 능력은 높은 지능 지수나 지식·기술이 있다고 해서 나타나는 것은 아니다. 부자들은 자신의 믿음을 그대로 실천한 사람들이다. 이와 반대로 자산 관리에 실패한 사람들의 대부분은 계획을 이성적으로 짜지만, 행동은 감정적으로 한다. 『적게 벌어도 확실한 부자설계』는 저자가 15여 년간 만나 심층 인터뷰한 한국 부자들의 특성을 잘 정리한 책이다. 저자가 만난 부자들은 '일확천금'보다는 경제적 자유를 얻기 위해 차곡차곡 계단을 오르듯 '시간과 부'를 축적해왔다. 성공한 부자들의 차별화된 '습관' '태도' '실행력'은 독자들에게 부자가 되는 인사이트를 제공한다. 이 책을 통해서 부자들의 자산관리 능력을 독자 자신의 것으로 만들기를 기대한다.

_ 박원갑 · 국민은행 WM스타자문단, 부동산수석전문위원

대한민국은 창업 천국이라고 말한다. 특히, 한국인의 기질이 창업가적인 성격을 충분히 갖고 있다. 오늘날 100억대 이상의 자산을 가진 한국의 신흥부자들을 살펴보면, 젊은 혈기로 '사업 한번 해보자'라는 투지를 불살라 맨손으로 시작한 청년들이 상당수라는 사실을 알고 놀라웠다. 예나 지금이나 사업 환경만 다를 뿐 청년들이 부자 되는 길은 비슷하다. 평소의 습관, 태도와 사고, 지독한 실행력 그리고 자신에 대한 믿음이 지금의 부를 일군 원동력이 된 것이다.
책에서 문승열 박사가 만난 '한국의 부자들' 빅데이터는 신흥부자들의 특성과 다를 바 없다. 『적게 벌어도 확실한 부자설계』는 창업가 정신을 발휘하여 맨손으로 창업을 시작하려는 청년들이 꼭 읽어야 할 필독서다.

_ 윤종록 · 조선대 경영학부 교수, 한국창업학회 부회장

W = H × A × P

프롤로그

부자는 위기에서 기회를 찾는다

최근 한국개발연구원(KDI)의 대국민 인식조사에서 응답자의 57.4%가 1997년의 외환위기를 지난 50년간 가장 어려웠던 시기로 지목했다. 평균 경제성장률이 7%였던 시절이 가고 외환보유액이 바닥을 보인 한국은 1997년 11월 21일 국제통화기금(IMF)에 530억 달러의 구제금융을 신청했다. 사상 초유의 국가부도 사태는 한 번도 경험하지 못한 '경제적 쓰나미(tsunami)'로 우리 사회에 엄청난 충격을 안겼다. 개인들의 파산과 자영업자의 폐업이 이어지고 길거리에는 노숙자가 넘쳐났으며, 수많은 직장인들이 일터를 떠나야 했다. 대우그룹 등 30대 그룹 중 63%가 매각되고, 제일은행을 비롯한 33곳의 시중 은행이 16곳으로 통폐합됐으니 그 어려움은 생각한 것보다 심각했음을 짐작하고도 남는다. 그러나 아직도 경제의 체질이 개선되지 않았다는 평가가 지배적이다. 7년째 2~3%대에 머문 경제성장률은 그런 결과물이다. 우리 경제성장률은 2011년 이후 단 한 차례도 세계 평균 경제성장률을 웃돈 적이 없다. 지금도 마찬가지다. IMF의 올해 세계 평균 성장률 전망치는 3.4%이지만, 우리는 3% 선에 겨우 턱걸이하고 있다. 그만큼 경제 활력을 잃었다는 뜻이다.

너무도 닮았기에 일본은 한국의 좋은 참고서가 된다. 일본의 '잃어버린 20년'은 불행한 이야기지만 한국이 그 발자취를 따라가고 있다. 1,400조에 달하는 높은 가계부채, 고령화와 저출산으로 인한 소비 침체 등 원인도 비슷하다. 장기적 경기불황 속에서 한국 기업들은 바람 앞 등불처럼 작은 위기에도 힘없이 쓰러진다. 자영업자 10곳 중 8곳은 창업 5년 내 문을 닫는 게 현실이다. 일본의 '잃어버린 20년'과 같은 저성장 늪에 빠질 수 있다는 경고가 나온 지 오래다.

　2차 세계대전 이후 1990년대 초반까지 경이적인 경제성장을 해오다가 20년 동안 활력을 잃은 일본 경제는 이제 회복세를 보이고 있다. 일본 불황의 원인을 알아보기 위해서는 1985년 플라자 합의까지 거슬러 올라가야 한다. 1985년 9월 22일 미국은 경상수지 적자 문제의 해결을 위하여 뉴욕에서 G5 재무장관과 중앙은행 총재들이 모여 미국의 달러 가치를 떨어트리기 위한 조치로 일본의 엔화 가치를 올리도록 결정했다.

　엔/달러 가치가 1985년 달러당 260엔에서 1987년 123엔까지 상승했다. 수출 경쟁력 악화를 우려한 일본 정부는 저금리 정책으로 엔화 가치 상승을 억제하려고 했다. 1986년 1월부터 1987년 2월까지 재할인금리를 매년 5%에서 2.5%로 낮추면서 엔화를 풀었다. 돈이 넘치자 개인과 기업들은 낮은 금리로 은행에서 대출을 받아 주식과 부동산을 매입하기 시작했다. 소니는 콜롬비아 픽처스를, 미쓰비시는 록펠러센터를 인수하는 등 미국의 부동산과 기업을 인수하는 시기가 이때였다. 닛케이지수가 1986년 1월말 13,000에서 1989년 39,000으로 뛰었다. 1989년 상업용 땅값도 1985년에 비해 4배 가까이 뛰었다. 인위적인 통화 팽창으로 자산버블이 이루어진 것이다.

1989년 5월 물가가 3% 급등하자 일본 정부는 부랴부랴 금리를 2.5%에서 6%로 두 배 이상 인상했다. 부동산 규제와 건설업체에 대한 금융 제재로 부동산과 주가는 폭락했다. 닛케이지수는 1989년 39,000에서 2001년 3월 다시 12,000 이하로 떨어졌고, 부동산 가격은 1991년에서 1998년까지 80% 이하로 떨어졌다. 1억 원 가격의 부동산이 2천만 원이 되었다는 것이다. 1996년 부실채권의 규모가 41조 9천억 엔으로 1년 동안 2.4배가 증가했고, 대출해 주었던 금융기관들은 파산했다. 실업률도 19991년 2.1%에서 2000년말 4.7%로 증가했다. 버블이 증가하면서 불황이 찾아왔다. 일본 정부는 불황을 타개하기 위하여 1990년대에 열 차례에 걸쳐 100조 엔 이상을 투입했고, 부실 금융기관과 부실 기업에 구제금융을 제공했다. 하지만 불황은 치유되지 않았고 재정 상태뿐만 아니라 경기까지 악화되고 국가 채무마저 증가했다. 생산적인 곳에 투자하는 게 아니라 무작정 돈만 푸는 꼴이 되었다. 최근 일본이 다시 부활하고 있다. '아베노믹스' 덕분이다. 닛케이지수도 22,000대로 상승했다.

그러나 대한민국은 일본이 그랬듯이 조선, 철강, 자동차 등의 성숙산업은 중국의 강력한 추격을 받고 있고, 소비시장은 불황 초입에 들어섰다고 해도 과언이 아니다. 경제 실상은 실업사태에서 잘 드러난다. 청년실업률은 1999년 이후 18년만에 최고 수준이다. 일자리가 구직자 100명당 152개에 이르는 일본과는 딴판이다. 「세계일보」가 최근 경제전문가 50명을 대상으로 설문조사를 했더니 "위기가 다시 올 수 있다"고 답한 사람이 30명에 이르렀다는 사실은 이런 우려를 반영한다.

이러한 시점에 평범한 개인들은 어떻게 해야 할까? 또 기업들은 어떤 경쟁력으로 살아남아야 할 것인가? 나라 경제가 흔들리면 국민 개개인의 삶도 무너진다. IMF 외환위기를 다시 맞지 않으려면 지금까지 해 왔던 자신의 경제 체질을 확 바꾸어야 한다. 신발 끈을 고쳐 매지 않으면 국가적 재앙이 재발할 수 있음을 새겨두어야 할 시점이다. 개인들은 성공한 부자들이 가지고 있는 '성공 부자습관'을 찾아내 자기 것으로 만들어가는 작업이 필요한 시점이다. 늦은 시기란 없다. 지금부터 해도 빠르다는 것이다. 지금 충분하게 가지고 있지 않아도 된다. 나이가 들어도 무관하다. 작은 것이라도 성공 부자습관을 하나씩 실천해 간다면 분명 희망은 멀지 않는 곳에 있다고 본다. 그래서 '부자는 위기에서 기회를 찾고 부자가 아닌 사람은 기회에서 위기를 찾는다'는 말처럼 어떤 사람에게는 이 시점이 위기가 될 수 있지만 누구에게는 기회의 시작점이 될 것으로 확신한다.

부자가 되어야 하는 이유

왜 부자가 되어야 하는지 스스로에게 질문해 보자. 필자가 만난 대부분의 부자들은 돈을 벌어야 하는 이유, 부자가 되어야 하는 이유가 분명했다. 단호하게 말할 수 있다. 돈을 많이 벌어야 할 절실한 이유가 없는 사람이 부자가 된 경우는 결단코 없었다. 자기 자신과 경쟁하는 것이 진정한 경쟁이고, 자신을 이기는 사람이 진정한 부자다. 부자가 되어야 하는 이유가 나에게는 어떤 의미로 다가오는가? 다른 말로 표현하면 목표나 비전이라고 할 수 있다. 어떤 사람은 부자가 되어야 하는 이유를 자아실현이라고 말한다. 하지만 너무 추상적이다. 그리고 설득력도 떨어진다.

직장생활에서는 일에 대한 목표를 확실하게 가진 사람이 성공한다. 얼마 전 신입사원들의 퇴사 이유를 묻는 설문조사에서 응답자의 22.5%가 "자신의 적성에 맞지 않는 직무" 때문이라고 답했다고 한다. 일에 대한 의미와 목표를 찾지 못하기 때문에 적성에 맞지 않다고 생각하는 것이다. 미래에 대한 걱정은 세대 간의 차이가 없다. 모두가 불안하기 때문이다. 사장은 직원들이 예전과 달리 자기 일처럼 하지 않는다고 생각할지 모르지만 직원들도 회사가 가족처럼 직원을 끝까지 책임져 주지 않는다고 생각할 것이다. 나를 지켜주는 것은 오로지 나의 능력뿐이라는 믿음이 강해졌다는 반증이다. 이처럼 일에 대해 회사와 개인의 해석은 다를 수밖에 없다.

사업에서 성공한 부자들이 많다. 그들은 자신의 직원들에게 직원이 하고 있는 일의 가치와 의미를 잘 이해시키려고 한다. 왜 우리가 이 회사에 다니고 있는지, 왜 우리는 이 일을 해야 하는지 의미를 조직에 확산시킨다. 일이야말로 직원들의 성장에 밑천이 되고 미래를 준비하는 가장 확실한 도구임을 진지하게 설명해 주고 직원들의 몰입을 조직의 성과로 유도해낸다. 의

미도 모르고 덤벼드는 일이라면 과연 언제까지 버틸 수 있겠는가? 따라서 경영자가 직원들에게 일의 목표뿐만 아니라 의미를 설명하는 것이 더 이익이 된다. 누구나 의미 없는 일을 하고 싶어 하지 않기 때문이다.

돈 버는 일도 마찬가지다. 부자가 되어야 하는 이유가 나에겐 정말 의미 있는 것이어야 한다. 졸부가 아닌 건부(健富; 건강한 부자)가 되기 위해서는 돈의 진정한 의미와 사회적 책임을 다해야 한다. 그래야 비로소 행복해지게 된다.

100세 시대 나만의 부의 지도를 만들어라

KB금융지주 경영연구소에서 발간한 『2017 한국 富者 보고서』에서 2016년 말 기준으로 한국의 부자(금융자산 10억 원 이상인 개인)는 약 242,000명이다. 2015년에 비해 14.8% 증가한 것으로 추정되며, 2015년의 전년 대비 증가율보다 높은 수준이다. 한국 사회의 특성상 자산을 여러 명의로 분산해 놓는 걸 감안할 때 실제로는 이보다 더 많을 것이다.

지역적으로 볼 때 한국 부자의 44.2%가 서울에 집중되어 있지만, 서울이 차지하는 비중이 매년 낮아지고 있다. 서울 내에서도 강남 3구의 비중이 하락세를 보이고 있어 지역적 쏠림 현상이 점차 약해지는 것으로 분석된다.

누구나 가는 길이라면 나는 가지 않았다.
부자가 되는 길은 결코 쉽지 않았다.
그러나 노력하면 갈 수 있다.
그래서 나는 갔다.

이것은 어느 부자의 말이다. 필자는 부자가 된 많은 사람들을 만나 인터뷰했고, 그들의 부의 스토리를 들으면서 존경심을 갖게 되었다. 진심으로 그들에게 갈채를 보낸다. 물론 그들 중에는 부도덕한 부자도 있다. 하지만 많은 부자들이 이 사회에 기여했음을 인정해야 한다. 게다가 많은 사람들이 부자가 되기를 바라는 것을 보면 부자는 여전히 많은 사람들의 선망의 대상이다. 필자는 경제적 어려움에 허덕이는 사람들에게 희망을, 삶의 무게 때문에 방황하는 사람들에게 행복을 선사하고 싶다. 그래서 부자를 꿈꾸는 한국의 많은 사람들에게 조금이나마 도움을 주고자 이 책을 집필하게 되었다.

지난 15년 동안 대한민국 모든 사람을 행복한 부자로 만들겠다는 사명감으로 '부자 연구'를 해왔다. 2002년에 삼성경제연구소 내 사이버 포럼인 '부자특성연구회'를 개설하여 "행복한 부자 만들기 프로젝트"를 운영해왔다. 나름대로 많은 사람들에게 '부자의 꿈'을 이룰 수 있도록 컨설팅을 해왔다. 동시에 부자에 대한 부정적 사회 인식의 변화를 위해 노력했으며, 부자들에게는 나눔의 삶을 영위할 수 있도록 하여 한국의 새로운 '부자 문화'를 형성하는 데 미력이나마 힘을 쏟아왔다. 물론 아직 많은 것이 부족하다. 앞으로도 더 많은 사람들이 '부자의 꿈'을 실현할 수 있도록 돕고자 한다.

부자를 꿈꾸는 많은 사람들의 특징을 간단히 정리하면 결심만 있고 실천이 없다는 것이다. 부자들을 부러워하면서 그들이 가진 돈에만 관심이 있지, 그들이 흘린 땀방울에 대해서는 이해하려고 하지 않는다. 그래서 부자를 꿈꾸는 사람들에게 '부자는 선택'이라고 조언해 준다. 다만 부자가 되겠다는 생각만으로는 부자의 꿈을 결코 이룰 수 없다. 그렇다면 부자란 어떤 사람일까? 필자는 '자신과 가정, 사회를 행복하게 만드는 사람'이라고 정의한다. 또한 그들은 '선택의 자유를 누리고,' '변화를 즐기는,' 그래서 '인생에서 성공을 거둔' 사람이기도 하다.

이 책은 2002년부터 한국의 부자들이 실제로 실천한 '부(富)의 성공방정식'을 체계적으로 조사해 정리한 것이다. 우리가 추구하는 부(Wealth)는 습관(Habit), 태도(Attitude), 실행력(Practice)에 달려 있다는 사실을 'W=H×A×P'이라는 공식으로 정립했다. 즉 한국에서 부자가 되는 법에 대한 '부자설계(Wealth design)'를 명확하게 제시하고자 했다.

부자들의 습관, 태도, 실행력을 모방하라

1%대 정기예금 금리와 투자수익률 시계제로 상태인 불경기가 일상화된 요즘 시대다. 그럼에도 불황기에 여전히 건재한 부자들과 신흥 부자들의 이야기는 차고 넘친다. 물론 미래를 정확히 아는 사람은 세상에 없다. 부(富)의 흐름을 확실하게 예측할 수 있는 사람도 없다. 변화무쌍한 현대사회에서는 어제의 사실(fact)이 오늘의 사실이 되지 못하는 경우가 허다하다.

신년이나 월초가 되면 신문 지상에 주식이나 부동산 전망을 예측하는 기사가 어김없이 실리곤 한다. 하지만 예측대로 되는 것이 과연 얼마나 되는가? 경제 상황은 예측하는 동안에도 변하기 마련이다. 대한민국에 국한된 시야로는 부의 흐름을 찾기에 역부족이다. 앞서가는 한국의 부자들은 전 세계적으로 발생하는 다양한 현상을 통찰하면서 부의 흐름을 찾고자 부단히 노력하고 있다. 부는 부동산, 주식, 금융자산을 통해서만 창출되는 것이 아니기 때문이다.

부자가 된다는 것은 단순히 투자를 해서 돈을 버는 것만 의미하지 않는다. 세계적인 돈의 흐름에 대해 잘 알고 있어야 한다. 그래야만 '보이는 부(visible wealth)'와 '보이지 않는 부(invisible wealth)'를 볼 수 있는 통찰력을 키울 수 있다. 경제의 다양한 지표들은 서로 무관하거나 심지어 상충되는 것처럼 보일 수도 있다. 하지만 경제 현상이라는 큰 틀 안에서 서로 관련 없는 변수는 거의 없다. 부자들은 상호 영향을 주고받는 수많은 변수들을 하나의 관점에서 파악하고 이해하는 눈이 있다. 말하자면 '부의 흐름'을 볼 줄 안다는 것이다. 볼 줄만 아는 것이 아니라 부를 만들어내는 실행력도 갖추고 있다.

결론적으로 말해 불황에도 '2 대 8의 법칙'이 적용된다. 어떤 곳에서도 돈 버는 사람과 그렇지 않은 사람들이 있다. 우리는 이 20%에 해당되는 돈 버는 사람들의 습관, 사고와 태도, 실행력을 주목해야 한다. 오늘부터 주변에 있는 20%에 해당되는 사람들과 사귀고 그들의 습관을 따라해 보자.

앞으로 수년 뒤 한국의 재테크 지도는 어떻게 변할 것인가? 돈을 벌 수 있는 방법은 무엇일까? 결국은 부의 흐름을 지속적으로 파악해내려는 노력이 부자를 결정할 것이다. 이 책은 부자의 속내를 훔쳐볼 수 있는 속 시원한 내용들을 전하고자 한다. 이 책을 통해 지금부터라도 자신만의 부의 지도를 만들어서 100세 시대에 노후와 은퇴를 멋지게 준비하기 바란다.

차례

부자설계 공식 1 : HABIT
부자는 좋은 습관을 가지고 있다

1장

부자는
좋은 습관을
가지고 있다

부자설계 공식 1st
HABIT

습관이 한 사람의 인생을
성공시키기도 파괴하기도 한다는 것을 잊지 마라.

좋은 습관이
부의 종잣돈이다

．
．
．
．
．
．

성장률 2~3%대 시대에서 저축만 가지고는 미래를 준비하는 부자가 될 수 없다. 자산을 모으고 미래를 준비하기 위해서는 적극적인 투자가 필요하다. 성공한 부자는 세상의 변화를 주도하고 많은 사람들의 생활에 직접적인 영향을 끼친다는 점에서 항상 관심과 동경의 대상이 된다. 그래서 많은 이들이 성공한 부자의 말에 귀를 기울인다. 그러면 위대한 부자, 나아가 위대한 리더는 어떻게 탄생하는가? 어떤 성장 과정을 거치고 어떤 어려움을 겪었으며, 또 그것을 어떻게 극복했을까? 성공한 부자들이 보여주는 남다른 안목과 강철 같은 의지, 불도저 같은 실행력은 어디에서부터 비롯되는 것일까? 그리고 마침내 던져진 결정적 한 수는 무엇이었을까?

이처럼 성공한 부자는 20대에 시작해도 빠르지 않고 60대에 시작해도 늦지 않다. 하지만 돈이 생기면 한다거나 시간적으로 여유가 생기면 시작하겠다는 식으로는 어렵다. 한 번에 대박이 나는 방법도, 부자가 되는 가장 쉬운 방법도 없다. 다만 오랜 시간에 걸쳐 성공의 방식이 만들어지는 소위 '축적의 시간'이 필요하다. 부자에 대한 생각을 정리하고 긴 호흡으로 투자에 대한 경험과 노하우를 자신만의 자산으로 만들어가는 '성공 습관'을 만들어야만 한다.

많은 사람들은 부자들이 가지고 있는 자산에 대해 관심이 많다. 하지만 부자들이 그 자산을 만들기 위해서 무엇을 했는지에 대해서는 그다지 궁금해하지 않는다. 또 궁금하다고 해서 부자들이 자세하게 알려주지도 않는다. 필자는 예금이 10억 원 이상이면서 월 임대료가 몇 천 또는 몇 억씩 받는 부자들을 만나 인터뷰하면서 도대체 돈을 어떻게 모으고 어떻게 관리하는지에 대해 여과 없이 듣게 되었다. 자연스럽게 부자들이 가지고 있는 장점 중 돈 버는 습관과 태도, 행동에 집중하게 되었다. 정기예금 금리가 1%로 떨어져서 모두가 은행은 메리트가 없다며 떠날 때에도 떠나지 않고 굳건하게 지키고 있는 부자들의 속내가 과연 무엇인지 궁금했다. 부자들은 돈도 잘 벌지만, 누구보다 돈을 잘 지키는 사람임에 틀림없다.

습관은 사람이 만들지만 사람은 습관의 지배를 받는다. 부자가 되는 것도 마찬가지다. 늘 해오던 대로 새로운 변화를 거부하고 기존 관행에 얽매여 살아가는 사람들이 주위에 적지 않다. 습관은 처음이 중요하다. 처음에는 실처럼 약하지만 여러 번 되풀이해서 몸에 달라붙으면 쇠사슬처럼 강해지는 속성이 있다.

좋은 습관을 만들기 위해서는 몇 가지 원칙이 필요하다. 첫째로 좋은 습관을 만들기 위해서는 물리적 시간이 필요하다. 좋은 습관은 하루아침에 만들어지지 않는다. 하나의 습관으로 굳어지기 위해서는 66일간 매일 같은 행동을 반복해야 가능하다는 영국 런던대학교의 습관 형성에 관한 실험 결과가 있다. 둘째로 좋은 습관을 만들기 위해서는 주변 환경도 어느 정도 갖추어져야 한다. 주변 환경이나 상황이 습관을 만드는 데 양과 질을 결정하기 때문이다. 예를 들어, 강남 집값이 비싼 이유 중 가장 큰 요소는 교육 환경이라는 것을 독자들도 부인할 수 없을 것이다. 셋째로 한 번 만들어진 습관은 한 개인의 운명을 결정짓는 중요한 요소가 된다.

이처럼 습관이 한 사람의 인생을 성공시키기도 파괴하기도 한다는 것을 잊지 마라.

습관을
바꾸면 삶이 바뀐다

2016년 4월 미국의 유명 재정전문가인 톰 콜리(Tom Corley)는 자수성가해서 부를 이룬 177명의 백만장자들을 인터뷰한 『습관을 바꾸면 삶이 바뀐다(Change Your Habits, Change Your Life)』라는 책을 출간해 화제를 모았다. 미국의 경제 및 금융 전문 방송 채널인 CNBC는 베스트셀러에 오른 이 책을 토대로 성공한 사람들의 9가지 습관을 소개했다. 9가지 습관 가운데 첫째로 '일찍 일어나는 것'을 제시했다. 콜리가 인터뷰한 백만장자들의 절반 이상은 새벽형 인간이었다. 그들은 보통 업무를 시작하기 3시간 전에 일어나서 하루를 계획하고 운동을 하거나 신문을 읽었다. 콜리는 자신의 저서에서 "5시에 일어나는 것은 당신이 자신의 삶을 컨트롤할 수 있도록 한다. 이는 당신에게 성공에 대한 확신을 줄 것이다"라고 말했다.

많은 부자들을 만나면 공통적으로 성공하기 위해 좋은 습관을 연습했다고 말한다. 대부분의 사람들은 돈이 많아야 부가 결정된다고 하지만 실제로는 좋은 습관이 부를 결정한다고 해도 과언이 아니다. 투자를 하거나 돈을 모으는 데 있어서 자신이 가지고 있는 습관은 곧 부자로 연결되는 행동 패턴이기 때문이다.

반복되는 행동이 만드는 기적의 변화, 그것이 바로 '습관의 힘'이다. 그것도 삶을 변화시키고 부를 늘려갈 수 있는 '핵심 습관(Keystone habit)'을 바꾸어야만 자신의 원하는 목표를 달성할 수 있다. 그러면 우리는 자신도 모르는 사이에 성공에 한 걸음 더 다가갈 수 있을 것이다. 미국 듀크대학교의 2006년 연구에 따르면, 우리가 매일 행하는 행동의 40%가 의사결정의 결과가 아니라 습관이라고 말할 정도로 습관은 우리의 일상에서 그 강력한 힘을 보여주고 있다. 투자나 돈을 모으는 것도 결국 습관의 결과이다. 습관화를 가로막는 많은 유혹과 악마의 속삭임은 성공의 열쇠가 '습관'에 있다는 부자들의 가르침보다 훨씬 더 귀에 착착 감긴다. 대부분 사회학자들은 습관이 일반적으로 21일 정도면 만들어진다고 한다. 그러나 같은 행동을 매일 반복한다면 단 5일이면 족하다고 말한다.

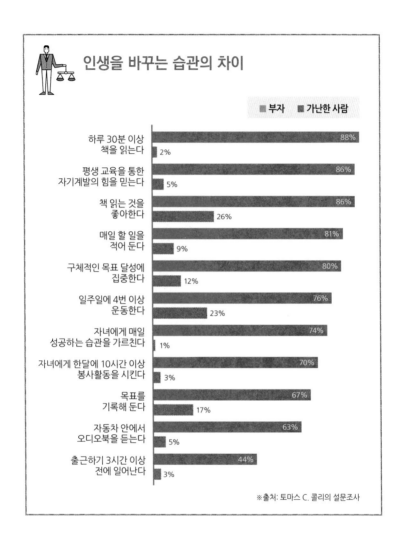

인생을 바꾸는 습관의 차이

■ 부자　■ 가난한 사람

항목	부자	가난한 사람
하루 30분 이상 책을 읽는다	88%	2%
평생 교육을 통한 자기계발의 힘을 믿는다	86%	5%
책 읽는 것을 좋아한다	86%	26%
매일 할 일을 적어 둔다	81%	9%
구체적인 목표 달성에 집중한다	80%	12%
일주일에 4번 이상 운동한다	76%	23%
자녀에게 매일 성공하는 습관을 가르친다	74%	1%
자녀에게 한달에 10시간 이상 봉사활동을 시킨다	70%	3%
목표를 기록해 둔다	67%	17%
자동차 안에서 오디오북을 듣는다	63%	5%
출근하기 3시간 이상 전에 일어난다	44%	3%

※출처: 토마스 C. 콜리의 설문조사

윤 회장(64세)은 아침 출근시간이 평생 7시였다. 저녁에 아무리 늦게 잠자리에 들거나 야근을 해도 어김없이 직원 중 제일 먼저 사무실에 도착한다. 지금은 지역에서 가장 큰 웨딩홀을 운영 중이다. 한때 사업의 어려움으로 힘겨워했던 적도 있지만 한 번도 이 원칙은 흔들리지 않았다. 필자가 윤 회장에게 종종 물어보곤 한다. "회장님, 이제 지치실 만도 하고 저녁 퇴근이 너무 늦으면 굳이 아침에 빨리 나오지 않아도 될 것 같습니다." 윤 회장은 허허 웃으면서 원칙은 한 번 어기면 더 이상 원칙이 아니기 때문에 아침에 빨리 나오는 습관을 바꾸는 것이 어렵다고 답했다. 아침을 남들보다 일찍 맞으면서 얻는 기쁨과 행복은 말로 표현할 수 없다는 것이다.

긍정의 언어가
돈을 부른다

:

긍정도 습관이다. 말은 쉽지만 이를 인생에 대입하여 실천한다는 것은 그리 쉬운 일이 아니다. 좋은 점만 이야기하기에도 부족한 것이 인생이다. 헌데 이를 실천하는 사람들 가운데 부자가 많다. 미국에서 자수성가한 백만장자 100명을 조사했더니 한 가지 공통점이 있었다. 백만장자들은 자신들의 장점에 집중했기 때문에 성공한 것이었다. 잘 되는 사람은 잘 되는 이유를 찾는 반면, 안 되는 사람은 변명만 찾는다는 말이 있다. 결국 긍정론자가 새로운 기회를 여는 사람인 것이다.

오 대표(58세)는 국내 큰 금융기관에서 한 부문의 대표를 맡고 있다. 물론 직장인으로서는 성공한 부자라고 할 수 있을 것이다. 그는 신입사원일 때부터 다른 사람들과 확실하게 차별화된 것이 있었다. 오랫동안 옆에서 지켜보았지만 그는 남의 허물을 이야기하거나 불평을 늘어놓기보다 늘 긍정적인 생각과 행동을 보여주었다. 의인처럼 느껴질 정도로 긍정을 몸의 습관처럼 달고 다녔다. 세상 살다보면 불가피하게 나와 생각을 달리하는 사람들이 절반 이상 있을 수밖에 없다. 하지만 사회생활을 하면서 나와 다른 사람을 적으로 만들어 사는 것은 어려운 일이다. 그는 생각이 다른 사람과도 잘 어울리는 것이 바로 '긍정 언어의 힘'이라고 말한다. 나와 다른 사람들이 나를 도울 때 성공과 부가 한 걸음 더 다가올 수 있는 것이라고 굳게 믿는 이 신념이 그의 성공 열쇠인 셈이다.

윤병두 회장(69세)은 누가 봐도 호남형 얼굴에 호감이 가는 사람이었다. 물론 부자이기도 했다. 비록 사업 초창기에는 가진 것이 그다지 많지 않았지만, 건설업을 통해서 지금의 부를 일구게 되었다. 건설업을 하는 사람이라고 해서 누구나 부자가 되는 것은 아니다. 윤 회장은 무차입 경영을 원칙으로 삼고 한번 산 부동산은 매입 가격 이하로는 팔지 않았다. 회사를 운영할 때는 교통은 불편하지만 변두리의 넓은 땅을 매입하여 시간과의 싸움에서 높은 차익을 거두곤 했다. 그래서 거주지나 사업장 주변의 싼 땅을 주로 매입하여 오랫동안 가지고 있는 것이 부자가 된 비결이라고 말한다.

윤 회장은 100억대 자산을 가지고 있지만 처음부터 변하지 않는 원칙이 하나 더 있다. 그와 만나면서 다른 사람들과 비교해서 가장 다른 부분은 다른 사람에 대해 이야기할 때 상대방의 좋은 점만 말한다는 것이다. 자신이 알고 있는 지인이나 같이 일하는 직원들에게도 좋은 점만 이야기하는 좋은 습관을 가지고 있었다. 심지어 거래처 사장이나 직원들에게도 낮은 자세로 임하는 모습은 마치 성직자처럼 보이기도 했다.

윤 회장은 긍정도 습관이라고 입버릇처럼 말한다. 어떤 사람은 타인을 대할 때 단점이나 안 좋은 부분만 말하는가 하면, 어떤 사람은 타인을 칭찬하고 긍정적인 메시지를 적극적으로 보낸다. 당신이 누구와 함께하고 싶은지를 묻는다면 당연히 후자라고 대답할 것이다. 돈을 부르는 사람들이 공통적으로 가지고 있는 습관은 긍정이다.

수익률 계산은 습관처럼
몸에 배야 한다

한 달의 절반을 외국에서 생활하는 마형진 대표(35세)는 무역업과 의류제조업을 겸하고 있다. 그는 일찍이 지방에서 고등학교를 졸업하고 나서 외국에서 대학을 마친 후 탄탄한 어학실력과 사업가 마인드를 가지고 무역업에 뛰어들었다. 중국 현지에 의류 생산업체를 두고 현지에 인터넷 쇼핑몰을 오픈하여 중국 시장을 공략하고 있다.

최근에는 중국의 인건비가 상승하여 가격 경쟁력이 떨어지자 동남아 지역으로 생산 공장의 이전을 검토해 보려고 수시로 다녀오고 있다. 매출은 중국에서 생산한 것보다 적지만 수익은 배가된다고 한다. 세르반테스가 쓴 『돈키호테』에서 "로마는 하루아침에 이루어지지 않았다"라는 명문장이 있다. 부자도 하루아침에 이루어지지 않는다. 하나하나의 습관들이 오래 쌓여서 어느 시점에 이르러서 보면 자신이 부자가 되어 있는 것이다. 마 대표를 보면 이 명언을 다시 떠올리게 된다.

마 대표가 투자나 사업에 있어서 가장 우선시하는 것은 수익률이다. 중국 현지에서 생산하고 판매량이 많다 해도 수익률이 낮은 반면, 동남아나 필리핀에서 생산하는 경우 생산량은 적지만 오히려 수익률이 2배이기 때문에 공장 이전 결정을 과감히 했다는 것이다.

한편 그가 매달 노후를 위해 3천만 원 이상 적금을 불입하는 것을 보고 다시 한 번 공감하게 되었다. 또 아파트를 분양받거나 투자하여 1억 원 이상으로 가격이 상승하면 세금을 부담하고 매각하여 수익률을 얻는다. 그의 수익률에 관한 원칙은 투자 기간을 짧게 하고 회전율을 높인다는 것이다. 특히 부동산에 투자한다면 더더욱 수익률을 계산하는 습관을 들여야 한다.

빌 게이츠와 워런 버핏 같은 부자들도 본업의 수익률을 높임으로써 부를 이뤄냈다. 빌 게이츠는 재산이 670억 달러에 달한다. 만약 빌 게이츠가 마이크로소프트를 설립하고 하루에 14시간씩 일해 왔다고 가정하여 자산을 일한 시간으로 나눠 보면 초당 150달러를 벌었다는 결론이 나온다. 빌 게이츠가 부자가 된 것은 높은 수익률 덕분이라고 할 수 있다. 만약 길바닥에 100달러짜리 지폐가 떨어져 있다면 빌 게이츠는 어떻게 행동할까? 돈을 줍는 데에는 1초면 충분하다고 해도 그가 돈을 줍기보다 자신의 업무에 충실할 경우 더 많은 수익을 올릴 수 있다. 물론 사람의 심정으로는 그 100달러를 줍겠지만, 수익률이라는 가정 하에서는 본업에 충실하는 것이 정답이다.

 연봉 5,000만 원 받는 직장인 A씨의 오피스텔 투자수익률

※ 강서구 K오피스텔 전용면적 17m² 기준

명목 수익률(홍보업체 주장)		실질 수익률(세금포함)	
분양가	1억 1407만 원	분양가	1억 1407만 원
은행 대출	8000만 원 (연3.87%)	대출	대출 없음
		보증금	500만 원
보증금	500만 원	부가세	530만 원 환급
		취득세	525만 원
실투자금	2907만 원	실투자금	1억 902만 원
임대 소득	연 600만 원	임대소득	연 550만 원 (공실 1개월 가정)
은행 이자	연 310원	임대소득세	연 56만 원
수익	연 290만 원	수익	연 494만 원
수익률	연 10%	수익률	연 4.5%

※출처: 이데일리

안목을 길러야
실행력이 커진다

:

강 회장(75세)은 이제 쉴만한 나이임에도 불구하고 여전히 현역으로 왕성하게 일하고 있다. 현재 가지고 있는 아파트만 100채를 육박한다. 건설사 소유주가 아닐까라고 생각하면 오산이다. 그가 하는 사업은 임대업이 주 업종이다. 그런 강 회장이 아파트를 소유하는 이유는 딱 한 가지다. 바로 임대수익이다. 사람들은 '과연 이런 것이 가능할까?'라며 궁금해한다. 물론 강 회장도 많은 시행착오와 실패를 경험했다. 투자도 해보았고, 현재 병원도 운영하고 있다. 이 중에서 그에게 가장 큰 기쁨을 주는 것이 바로 아파트 임대업이다. 그가 돈 버는 습관으로 이야기한 대목이다.

그가 가지고 있는 아파트는 대형이나 중형보다는 소형 아파트 중심이고, 주로 대학교 주변에 있는 아파트를 구입했다. 대학교 주변이 어떤지는 대략 이해할 것이다. 기숙사는 한정된 인원만 들어갈 수 있기 때문에 대부분의 학생들은 대학교 근처에서 거주하는 것이 일반적이다. 그만큼 소형 아파트나 원룸 수요가 많다는 것이다. 이런 사실을 어떻게 알았을까? 강 회장은 경제 신문이나 뉴스를 통해 세상 돌아가는 것을 자신만의 방법으로 해석하고 적용해 본 결과라고 말한다. 즉 트렌드 분석을 꾸준히 해왔던 것이다.

대학교가 신설되거나 이전하게 되면 반드시 상가나 기숙사, 원룸, 자취집이 동반하게 된다. 이를 그냥 흘려버리는 사람들이 대부분이지만 강 회장은 예외였다. 시장의 변화를 주의 깊게 살펴보고 근처 공인중개사를 방문하여 자문을 구했다. 또 지역 신문과 경제 신문을 매일 구독하면서 나름대로 주요 경제 흐름을 학습해 온 결과이기도 하다. 이것이 강 회장이 오늘의 부를 일구게 된 부자 습관인 셈이다.

비단 투자뿐만 아니라 세상사 대부분이 변한다. 과거처럼 10년 주기로 산업이 변할 때에는 트렌드 분석이라는 것의 의미가 덜하지만 요즘은 산업 변화의 속도가 빨라진 게 사실이다. 1880년 창업하여 필름의 대명사로 불려왔던 코닥이 130년 만에 파산했다. 디지털 카메라와 스마트폰의 보급으로 사람들이 더 이상 필름을 사용하지 않게 되었고, 코닥이 이 트렌드 변화를 읽지 못한 결과다.

트렌드 분석은 투자의 기본 중의 기본이다. 현재와 과거의 역사적 자료와 추세에 근거해 다가올 미래 사회의 변화될 모습을 투사하는 방법이다. 일련의 데이터에 연장선을 긋는 방법으로 추세를 예측할 수 있으며, 수학적·통계적인 방법을 활용하기도 한다. 경제 성장, 인구 증감, 에너지 소비량, 주가 등 가격 변수를 예측하는 데 주로 사용된다. 강 회장은 수많은 시간과 실패를 통해 학습이 내재화된 셈이다. 그래서 그가 부동산 투자를 할 때에는 이 트렌드 분석을 통해 소형 아파트를 이용하는 고객층을 제대로 파악하고 있었다. 나아가 그들의 니즈를 명확하게 파악하여 부동산을 구입할 지역과 평형대를 사전에 분석하고 시장에서 요구되는 소형 아파트로 결정한 것이다.

황금알을 낳는
거위를 키워라

:

한국의 자수성가한 부자들이 부자가 되기 위해서 첫 번째로 강조하는 대목이 저축과 절약이다. 여전히 최고의 투자는 저축과 절약이라는 것이며, 이는 곧 성실함을 의미한다.

『2017 한국 富者 보고서』에 따르면 지난 1년간 금융자산이 감소한 부자보다 증가한 부자가 많았다. 또 앞으로 금융자산에 대한 투자를 증가시키겠다는 의향이 높게 나타났다. 부동산 자산에 이어 한국 부자들의 금융자산 포트폴리오가 세부적으로 어떻게 구성되어 있는지 살펴보면 다음과 같다.

한국의 부자들이 보유하고 있는 금융자산 중에는 현금 및 예적금이 48.9%로 가장 높은 비중을 차지하고, 주식(20.4%), 투자/저축성 보험(13.2%), 펀드(8.4%) 순으로 나타났다. 글로벌 자산가의 금융자산 포트폴리오에서 현금 및 예적금 비중은

29%에 불과한 반면, 한국 부자들은 49%로 높아 안전한 자산 위주의 투자 행태를 보이는 것으로 나타났다. 세부 금융상품 별 비중은 총자산 수준에 따라 다소 차이를 보인다. 총자산이 많을수록 예적금 비중이 감소하는 대신, 주식이나 펀드 및 채권 등에 대한 투자 비중이 증가하는 경향을 보인다. 이러한 경향은 예적금과 같은 안전한 금융자산에 일정 금액을 투자한 후, 나머지 여유 자금은 투자수익을 높일 수 있는 금융자산에 투자하는 행태로 이해할 수 있다.

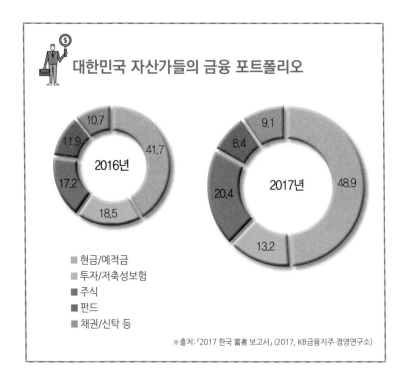

대한민국 자산가들의 금융 포트폴리오

2016년
10.7
11.9
17.2
18.5
41.7

2017년
9.1
8.4
20.4
13.2
48.9

■ 현금/예적금
■ 투자/저축성보험
■ 주식
■ 펀드
■ 채권/신탁 등

※출처: 「2017 한국 富者 보고서」 (2017, KB금융지주 경영연구소)

이는 글로벌 자산가들의 투자나 저축과는 다른 양상이다. 물론 글로벌 자산가들과 비슷한 내용도 있다. 바로 절약이다. 한국의 자수성가형 부자들 대부분은 매우 성실하다. 그 근간에는 절약정신이 깔려 있기 때문이다. 수익률 10%를 내는 것보다 지출 10% 줄이는 것이 더 어렵다고 한다. 평소에 무심히 지출했던 카드 값, 중복된 보험 지출, 의미 없이 지출되는 비용에 대한 꼼꼼함이 있어야 지출에 대한 절약을 실천할 수 있다.

미국의 백만장자들은 절약과 저축을 통한 자수성가형이 80% 이상이다. 이들의 공통된 특징과 마찬가지로 동서고금에 알려진 부자들의 특징 중 가장 으뜸은 역시 절약 또 절약이다. 수입은 평균 이상이지만 절약과 저축으로 소비를 최대한 줄인다. 1996년 미국에서 베스트셀러가 된 『이웃집 백만장자』는 부자에 대한 선입견을 무너뜨렸다. 일반인들은 백만장자들이 부모에게 한 밑천 물려받았을 것이라고 폄하하기 쉽다. 그런데 저자 토마스 J. 스탠리가 20년 동안 1,000명의 백만장자들을 조사했더니 80%가 자수성가했다고 한다. 심지어 50%는 부모에게 한 푼도 물려받지 않았다. 그렇다고 연봉을 수십만 달러 받는 것도 아니다. 평균 연간 수입은 131,000달러(약 1억5000만 원)로 생각만큼 많지가 않았다.

그렇다면 이들은 어떻게 백만장자가 됐을까? 필자는 절약, 절약 또 절약이라고 단연한다. 백만장자가 되려면 적어도 세 가지 질문에 답할 수 있어야 한다.

☐ 부모님은 검소했는가?
☐ 당신은 검소한가?
☐ 배우자는 당신보다 더 검소한가?

그들은 유명 브랜드의 옷을 입지 않았고 외제차를 타지 않았으며, 20년 이상 같은 집에서 살고 있었다. 하지만 요즈음 미국 사회는 절약은커녕 금융 선진국이 만들어낸 신용(빌려 쓰기)에 몸살을 앓고 있는 듯하다. 미국인들이 신용카드와 장기 주택대출로 내는 이자는 연간 개인소득의 40% 정도다. 1980년대의 27%와 1990년대의 30%에 비해 매우 급증했고, 반면에 저축률은 사상 최저로 떨어졌다. 그 결과 2007년 서브프라임 모기지 사태(주택대출 부도)가 발생하여 미국 국민들이 1929년 대공황 이후 처음으로 경제 쓰나미를 경험하기도 했다.

소비는 지속적 경제 발전을 위해 필수적이다. 일본은 절약이 지나쳐 장기 불황을 겪은 대표적인 사례이지만 맨주먹으로 세상에 나와 부자가 되려는 사람은 결코 저축을 건너뛸 수 없다. 아무리 이자가 낮아도, 아무리 푼돈이어도 작은 것이 모여 큰 돈이 된다는 사실은 자명하다.

『한국의 부자들』에서 저자 한상복은 한국의 자수성가한 부자들의 성공요인도 저축과 절약은 필수 덕목임을 강조했다. 경제동화 『열두 살에 부자가 된 키라』에서는 자녀에게 가장 먼저 황금알을 낳은 거위를 죽여서는 안 된다고 가르치라고 강조하고 있다. 황금알(이자)을 낳는 거위(목돈)를 가지려면 저축을 하라는 것이다. 또한 『부자 아빠 가난한 아빠』도 경제적 자유를 얻으려면 돈을 위해 일하지 말고 돈이 나를 위해 일하게 하라고 조언하는데, 그 첫걸음으로 저축과 절약을 제안하고 있다.

다른 기회를 얻으려면
다르게 행동하라

⋮

　부자는 가지고 있는 자산 규모의 차이가 아니라 현상을 보고 대처하는 방식의 차이가 크다는 말이다. 박 사장(62세)도 처음 출발은 미약했다. 시골 출신으로 가진 것 없이 건설업체의 말단 사원부터 시작했다. 지금은 지역에서 대표적인 종합건설업체로 발돋움하여 요샛말로 소규모 재벌이 되었다. 그에게 성공 비결은 무엇이냐고 질문하자 한참 웃더니 남들과 다르게 생각하고 행동하는 것에 있다고 했다. 특별한 것을 당연한 일로 받아들이는 그의 성격 탓이기도 하다. 건설업체 현장 일을 할 때 대개는 현장만 다녀오는 것이 보통인데, 그는 현장뿐만 아니라 주변 지역의 상권과 대단위 아파트 상황, 그리고 일반 주택 규모 등 다양한 지역사회의 변수를 검토하는 것도 게을리하지 않았다. 많은 사람들이 이 지역에서 아파트 분양을 하면 잘 안 될 것이라는 의견을 낼 때 그는 분양의 긍정적 가능성과 조건들에 대해 세세하게 제시했다. 결론적으로 대박을 수차례 내었고, 고속 승진을 거듭한 끝에 경영자의 자리에 오르게 되었다. 자기 사업을 위해 독립하여 아파트 사업을 하면서도 어렵다는 지역을 개발해 대박을 낼 때도 다른 생각으로 성과를 보여주어 많은 사람들의 귀감이 되고 있다.

김 사장(54세)은 레미콘 사업을 주업으로 하여 중소기업을 운영하는 알부자다. 무일푼으로 시작하여 현재 가지고 있는 자산이 수십억이며, 한 가지 사업에서 성공한 사람이다. 즉 주식이나 부동산보다는 현재 하고 있는 사업을 통해 부를 일군 경우다. 지금은 새로운 사업장을 추가로 마련하기 위해 전국을 돌아다니고 있다. 현재는 별 볼 일 없고 장소도 좋지 않은 공장을 인수하려고 수차례 방문하고 전문가와 상담을 통해 타당성을 확인하고 있다. 일전에 만나 인수하려는 공장이 무엇이 마음에 들어 그리 신경을 쓰는지 물어본 적이 있다. 이 질문에 한참 웃더니 이유를 설명해 주었다.

김 사장은 경쟁이 심해지는 요즘 생존하고 발전하기 위해서 남들이 보지 못한 시장을 보고 거기에 투자해야만 의미 있는 성과를 얻을 수 있다고 말한다. 다른 말로 표현하면 블루오션에 투자해야 한다는 것이다. 새로운 시장과 새로운 고객 그리고 새로운 도전은 다른 성과를 보여줄 것이다. 그래서 그는 자기계 발에 상당한 노력을 기울인다. 경제 흐름을 놓치지 않기 위해 대학원에 진학하여 박사과정을 밟고 있으며, 또 각종 세미나에 빠지지 않고 매번 참여하는 열정을 보이기도 한다. 그냥 얻어지는 지식은 없다는 것이다.

좋은 프렌드십(friendship)을
만들어라

《포춘》의 "일하기 좋은 100대 기업" 선정 주관자인 로버트 레버팅의 수십 년에 걸친 연구에 의하면 불황 속에서도 꾸준히 성과를 내는 기업의 세 가지 공통점을 찾아볼 수 있다. 경영진에 대한 신뢰, 업무와 회사에 대한 자부심 그리고 동료와 일하는 보람으로 꼽았다. 경영 컨설턴트인 톰 라스(Tom Rath)는 3년간 112개 국 451만 명을 조사했는데, 조직 내 절친한 친구가 있는 직장인이 절친한 친구가 없는 직장인보다 무려 7배나 더 높게 업무에 충실하다는 결론이었다. 또 회사에 대한 만족도도 1.5배 더 높았다. 하물며 개인이 부자가 되는 것도 동일하다.

고 회장(59세)은 부동산과 현금자산을 포함하여 백억대를 육박하는 자산가다. 그가 가지고 있는 자산보다는 어떻게 그런 자산을 가질 수 있었는지 비밀이 궁금했다. 고 회장은 지역

사회에서 마당발로 유명하다. 그와 인연이 닿지 않은 사람이 없을 정도다. 최근에 새로운 사업을 시작했는데, 그 지역 인사들 가운데 개업식에 오지 않은 사람이 거의 없을 정도였다. 지역에 있는 대학의 대학원 최고경영자과정을 빠짐없이 수강하면서 인맥을 만들어가다 보니 이들과의 좋은 관계는 자연스럽게 사업 정보나 인맥에 긍정적인 영향을 끼친 것이다.

이러한 부의 비결은 역사를 거슬러 올라가 300백 년 부자인 경주 최 부잣집에서도 엿볼 수 있다. 최 부잣집은 1600년대 초 최진립 장군에서부터 시작되어 광복 직후 최준까지 이어진다. 만석의 재산을 약 300년, 12대 동안 유지해왔다. 최 부잣집이 오랜 세월 동안 꾸준히 부를 유지한 비결은 무엇일까? 그것은 특이한 가훈에서 찾을 수 있다. 가훈으로 '육훈(六訓)'과 '육연(六然)'이 있었는데, 육훈이 집안을 다스리는 가훈이었다면 육연은 자신의 몸을 닦는 가훈이었다.

최 부잣집 가문의 육훈 실천은 실로 감동적이다. 그 육훈 가운데 고 회장의 경우와 딱 맞는 경우가 있다. 바로 과객(過客)을 후하게 대접했다는 것에서 민심을 보살폈음을 알 수 있다. 과객들 사이에서 최 부잣집 인심이 좋기로 소문났기 때문에 동학 이후로 발생한 활빈당의 횡포에도 무사할 수 있었다. "흉년기에 남의 논밭을 매입하지 말라"는 가르침은 이웃의 어려운 상황을 악용하여 부정적으로 재산을 축적하지 말라는 의미였다. 또한 나그네들이 인심 좋은 최 부잣집을 방문하여 전국의 좋은 소식과 나쁜 소식을 전하는 전령사 역할을 톡톡히 했다. 요즘 말로 하면 '정보를 공유'하게 되어 누구보다 전국을 관통하는 정보력을 갖추게 된 셈이다.

고 회장도 최고경영자과정을 비롯한 다양한 강의를 수료하는 동안 그의 인맥 지도는 더 강력해졌고, 이를 통해 사업을 확장해갔다. 그는 지금도 주변의 인맥을 통해 사업을 할 때 혼자서 하는 경우는 거의 없다. 리스크 분산을 위해서도 그렇고 전문가를 사업에 참여시켜서 지분을 투자하는 방식으로 사업을 해오고 있다. 물론 이는 고 회장이 그동안 맺어온 좋은 인맥 관리의 결과이기도 한다.

상품을 팔지 말고
정보를 팔아라

박 회장(56세)은 「가로수신문」과 유사한 생활광고업을 해온 1세대 지역 광고업체의 대표다. 지금은 인터넷 광고뿐만 아니라 지역 방송 사업까지 그 영역을 확대해가고 있다. 그가 처음 이 사업을 시작했을 때는 분위기가 지금과 사뭇 달랐다. 잡상인 취급을 받았고 광고지를 찌라시('뿌리다'라는 의미의 일본어 '지라시'에서 유래한 말) 정도로 여겼다. 쉽게 말해 신문에 삽지되어 있는 안내 전단지 같은 취급을 받았다. 하지만 지금은 어떤가? 주택의 매매나 전세, 상가 임대, 심지어 자동차 매매까지 총망라된 지역 정보를 받아서 게재하고 있다.

우리는 정보의 가치와 활용이 그 어느 때보다 커진 시대에 살고 있다. 지금까지는 상품이라는 유형의 것을 주로 파는 시대였다면 이제는 가치라는 정보를 파는 시대에 살고 있다. 가성비

(價性比)라는 단어는 요즘 중요시되는 가치 중 하나다. 가격보다는 가치가 중요하고 효용성이 높은 상품이 인기가 있다는 뜻이다. 남들이 상품에 집중하던 시절부터 정보라는 상품의 희소성과 가치를 상품으로 팔아왔고, 지금은 그 효용 가치를 확실히 인정받고 있다.

초창기에는 정보에 대한 가격 책정이 없었기 때문에 사업이 쉽지 않았다. 박 회장은 미래 가치가 어디에 있을지 고민하던 중 '정보'라는 부의 원천을 찾은 것이다. 네이버나 다음, 구글과 같은 인터넷 검색엔진도 결국 정보를 파는 기업이다. 그 기업가치는 상상을 초월하고 있다. 부동산 중개와 광고 그리고 홍보까지 관련되지 않는 일이 없을 정도다. 이러다 보니 박 회장의 사업은 지역사회에서 정보의 제조공장이 된 셈이다. 지역사회의 주류가 되었고, 심지어 시청이나 구청의 각종 정책 결정에서도 그의 영향력이 커졌다.

박 회장은 생활정보업을 통해 정보를 관리하고 파는 노하우를 익혔다. 나아가 부동산 개발이나 전망, 사업을 보는 눈과 전문성이 커지면서 자연스럽게 돈의 흐름을 파악하게 되었다. 그가 부자가 되는 것은 당연한 결과다. 사업으로 모아진 돈을 다시 부동산에 투자하여 현재 소유 부동산의 가격 상승도 상상

을 초월한다. 박 회장이 정보에 있어서 우월한 지위를 가지게
되자 새로 사업을 시작하거나 돈을 투자한 사람들은 그와 친해
지려고 하고 조언을 부탁하기도 한다. 지역사회에서 영향력을
가질 수밖에 없는 위치인 것이다. 정보라는 상품을 가진 박 회
장이 진정한 부자가 아닐까?

신용은 보이지 않는
자산이다

시장에서 살아남아야 기회가 생긴다. 살아남아야 다음을 기약할 수 있기 때문이다. 그러기 위해서는 신용을 잃지 말아야 한다. 꼭 부자가 아니어도 세상을 사는 사람들이 중요시 여기는 가치가 바로 신용이다.

김 회장(68세)은 수백억의 자산을 가지고 건설업을 운영하면서 내내 지켜온 원칙이 신용이다. 규모가 작은 기업을 운영할 때나 지금까지도 돈 되는 일이라면 마다하지 않고 궂은일을 하면서 오늘의 부를 일구어왔다. 한때 가지고 있던 자산을 모두 잃어버리는 대사건이 있었다. 아파트 분양이 순조롭게 진행되어 공사 이익이 1백억 원에 육박할 정도로 성공했다.

그런데 입주민들이 당초 분양할 때의 내용과 다른 점에 대해 불만이 커지면서 오랫동안 쌓아온 기업의 명성마저 흔들리게 되었다. 회사 참모들은 입주민들에게 일부 현금 보상으로 마무리 짓고 끝내자고 했다. 김 회장도 그렇게 하면 편하고 비용도 절약할 수 있다는 사실을 잘 알고 있다. 다만 그가 평생을 목숨처럼 지켜온 신용이라는 가치를 잃어버릴 지경에 놓였다. 참모들이 제안한 방법이 손쉽기는 하지만 아니라는 생각이 들었다. 김 회장은 당초 약속대로 입주민들에게 해줄 것을 지시하고 자신도 그것을 지켜냈다. 1백억 원의 이익을 포기한 대신 입주민들에게 믿음이라는 큰 가치를 얻은 것이다.

이러한 명성이 처음에는 손해라고 생각될 수 있다. 하지만 입주민들 사이에 믿을 만한 기업이라는 평가가 입소문을 타면서 그 뒤에 분양하는 아파트는 100% 분양이라는 선물로 이어졌고, 이전의 손해를 만회하는 계기가 되었다. 김 회장은 지금도 잘한 일이라고 스스로 평가하고 있으며, 앞으로도 신용을 목숨처럼 지키는 일에 평생을 걸겠다는 다짐을 하곤 한다.

신용은 보이지 않는 자산이지만 보이는 자산보다 부를 일구는 데 있어서 중요하다. 그러나 많은 사람들은 부도를 밥 먹듯이 내고 약속을 지키지 않으면서 면피식 대처로 부를 일구는 사례가 있다. 하지만 조금만 더 멀리 생각하고 천천히 가다보면 얻는 것이 훨씬 많다는 김 회장의 말에 공감하지 않을 수 없다.

현대사회에서 신용은 눈에 보이지 않는 무형의 자산이자 돈이다. 부를 쌓는 원천이 되며 레버리지의 기초가 된다. 사업가는 물론 직장인들도 평소에 신용 관리를 꼼꼼하게 할 필요가 있다. 신용은 모두에게 객관화된 가치이자 평판으로서 사소한 연체기록도 치명적인 독이 될 수 있다. 좋은 신용은 김 회장의 예처럼 선의의 결과를 얻을 수 있다. 삶의 질과도 직결될 수 있다. 평소에 '신용이 돈'이라는 관점으로 살다 보면 어떤 난관에 부딪쳐도 빚을 갚을 수 있는 능력을 발휘할 수 있다.

운이 좋은 사람을
붙잡아라

:

인생의 90%는 운으로 결정된다. 정 사장(59세)은 사업을 하거나 투자를 할 때 운이 좋은 사람들과 한다는 큰 원칙을 가지고 있다. 운이 좋다는 것은 단순히 주관적인 판단이 아니다. 오랫동안 사업을 해오면서 성공한 사람들과 관계를 맺어온 것이다. 정 사장은 지금도 모임 만드는 것을 매우 좋아한다. 밝은 생각과 긍정적인 마인드를 가진 사람들과 늘 교류하려고 노력한다.

그의 자산은 이런 사람들과의 만남을 통해 성장해 왔다. 그래서 몇 번 식사를 하던 중 수첩에 빼곡하게 적힌 모임의 종류와 회원들의 면면을 보니 정말 각 분야에서 성공한 사람들로 구성되어 있었다. 정 사장은 사업에 실패한 사람들은 대개 비관적이고 부정적인 경우가 많다고 말한다. 일견 공감이 가는 대목이다. 이러한 부류의 사람들과 만나는 것은 재앙이라는 불꽃의 심화라고 표현한다. 좀 과하다는 생각이 들기도 하지만 그만의 판단 기준이기 때문에 존중할 필요가 있을 것이다.

운이 좋은 사람에 대한 정 사장의 생각은 다른 점이 있다. 지금 비록 가진 것이 없고 상황은 어렵지만 미래에 대한 희망과 비전을 가진 사람이라면 운이 좋은 사람이라고 규정짓는다. 단순히 현재 가지고 있는 자산의 크기만으로 판단하지 않는 것이 정 사장의 판단 기준이었다. 이 말을 듣고 필자가 너무 선부른 판단을 한 게 아닌지 자책하기도 했다. 그는 당장은 어렵다 해도 꿈을 가지고 있고 이 꿈을 실현시키기 위해서 노력하는 사람을 운이 좋은 사람으로 여기고 적극적으로 관계를 맺어 왔던 것이다.

사람에 의해 실패를 겪고 어려움에 처하기도 하지만 사람에 의해 성공하고 돈을 번다는 기본 생각에는 변함이 없다. 그래서 정 사장은 다양한 분야의 사람들과 모임을 많이 갖는 편이다. 특이한 것은 모임을 만드는 데 기여하고 주도하지만 본인이 회장을 맡지는 않는다. 그리고 사람들과 다양한 관계를 맺으면서 그 가운데 돈도 모이고 사람도 모인다고 말한다. 돈과 사람은 모으고 투자는 분산하라는 정 사장의 말은 새삼 공감이 가는 부분이다.

박 사장(65세)은 현재 가지고 있는 부동산이 100억 원을 훨씬 상회하는 자산을 가지고 있다. 그는 사람들과 어울리는 것을 매우 좋아한다. 그래서 자동차 부품 제조업을 하지만 기회가 될 때마다 사람들과의 인연을 만들기 위해 이런저런 모임에 자주 참여하는 편이다. 그런 그에게도 일종의 규칙이 있다. 한두 번 자리를 함께하다보면 그 사람의 인생을 어느 정도 알게 된다는 것이다. 현재 가지고 있는 자산은 넉넉하지 않지만 그가 가지고 있는 열정이 높은 사람, 꿈을 가지고 있는 사람들과 만남을 자주 갖는 편이라고 한다. 숙달된 사냥꾼들은 동물의 발자국을 보고 많은 것을 알아낸다고 한다. 발자국을 보고 그것을 남긴 사람이나 동물의 특성을 금방 안다는 것이다. 마찬가지로 사람들을 만나면 그들이 하는 말과 행동을 통해 그가 어떤 생각을 가지고 있는지 금방 알 수 있다. 그래서 미래와 희망을 이야기하는 긍정적인 사람과 관계를 맺으려고 한다. 이들이 바로 운이 좋은 사람들이기 때문이다.

현명한 부자는
통장 관리부터 시작한다

옛말에 교토삼굴(狡兎三窟)이라는 말이 있다. "현명한 토끼는 언제라도 도망갈 수 있도록 미리 3개의 굴을 파놓고 위험에 대비한다"는 의미다. 즉 시간과 장소를 가리지 말고 다양한 유형의 재난에 항시 대비하라는 가르침이 담겨 있다.

이러한 '교토삼굴'의 정신이 남다른 부류가 바로 부자들이다. 필자가 만난 부자들은 평상시 공과금이나 카드결제 용도로 사용하는 통장, 임대료나 월세가 들어오는 통장, 그리고 투자용 통장을 구분해서 사용하는 사람들이 많다.

돈을 벌고 쓰는 일만큼 쉬운 일은 없다고들 한다. 그러나 거의 대부분의 사람들이 심각하리만큼 관리를 잘못하고 있다. 많이 버는 것 같은데 실제로는 저축할 돈은 없고, 저축할 만하면 이상하게 지출할 일이 생기고 별로 낭비하지도 않는데도 늘 쪼

들리는 것 같다. 이런 것들의 원인 중 상당 부분이 약간의 조언과 노력으로 쉽게 고칠 수 있는 잘못된 계좌관리에서 비롯된다고 할 수 있다.

박 회장(62세)은 작지만 빚이 없는 소규모 사업을 운영하고 있다. 그렇다고 자산이 적은 것은 아니다. 늘 공부하고 새로운 것을 이해하고자 노력하고 사업을 점검 또 점검하는 경영방식을 고집한다. 그런 그에게 한 가지 변하지 않는 원칙이 있다. 용도별로 통장을 관리하는 것이다. 통장 앞면에 큰 글씨로 용도를 써놓고 계좌별로 관리하는 것이다.

박 회장의 계좌관리 비법을 통해 나의 수입과 지출도 효과적으로 관리해 보자.

1단계 : 계좌 나누기

계좌를 크게 '결제계좌'와 '목적계좌' 그리고 '투자계좌'로 나눈다.

① 결제계좌

카드결제 및 현금 입출금이 자유로운 은행계좌를 말한다. 급여가 입금되는 통장도 여기에 해당된다. 주의할 점은 마이너스 대출을 받고 있지 않다면 결제계좌에 마이너스 대출 기능을 설정하지 않아야 한다는 점이다.

② 목적계좌

임대료나 이자소득, 배당소득 등 쓸 곳이 정해져 있는 돈을 미리 만드는 계좌다. 큰돈이라면 목돈 운용을 해야 하고, 돈이 없다면 적립계좌를 통해 모아야 한다. 이 계좌에 예치된 돈은 실제로 소비를 위한 돈에 가깝기 때문에 다음의 투자계좌와 혼동해서는 안 된다.

③ 투자계좌

최소한 단기적으로 써야 할 돈이 아니라 먼 장래를 위해 모아야 할 돈을 적립하는 계좌다. 10년 후 자녀 교육자금을 미리 준비하거나 부부의 노후자금, 은퇴자금 등을 준비하기 위한 계좌를 말한다. 부동산을 구입하거나 다른 곳에 투자 또는 자산을 구입하기 위한 적립계좌도 이에 속한다.

2단계 : 수입과 지출의 관리

모든 수입은 하나의 계좌를 통해 관리한다. 사업상 성격이 다르다면 성격별로 계좌를 만들어 관리한다. 은행의 결제계좌로 입금되면 생활비나 사업비, 보험료, 카드결제를 제외한 모든 돈을 증권사나 은행의 CMA(Cash Management Account; 고객이 맡긴 예금을 어음이나 채권에 투자하여 그 수익을 고객에게 돌려주는 실적배당 금융상품)와 같은 잉여자금계좌로 이체한다. 이곳에 쌓여진 돈이야 말로 의지에 따라 소비될 수도, 투자될 수도 있는 종잣돈이다. CMA 상품으로 관리해야 하는 이유는 이 상품이 언제든지 입출금이 가능하면서 수익률도 거의 정기예금에 버금가기 때문이다.

3단계 : 쌓이면 투자하라

MMF(Money Market Fund; 단기금융상품에 집중 투자해 단기 실세금리의 등락이 펀드 수익률에 신속히 반영될 수 있도록 한 초단기 공사채형 상품)로 돈이 계속 쌓일 것이다. 갑작스럽게 사용하게 될 수 있는 비상금—사업하는 분들은 좀 더 많은 금액을 책정해야 한다—을 남겨놓고 이를 초과하는 돈은 앞에서 나눈 수입계좌와 투자계좌로 모두 이동시켜야 한다. 이렇게 하면 선 투자 후 지출의 안정적인 자산관리 구조가 달성될 것이다.

효과적인 계좌 관리법

먼저 수입금이 입금된 계좌에서 보험료, 카드결제, 생활비를 남기고 모두 CMA와 같은 잉여자금계좌로 옮긴다. 결제계좌의 자금이 부족하다면 이는 곧 과소비를 한 것으로 인식해야 한다. 그리고 나서 잉여자금계좌에 쌓인 돈은 비상금이 될 만큼 남겨두고(대개 3개월 분량의 생활비 정도), 이를 넘어설 경우 미리 정해진 투자전략에 따라 목적계좌와 결제계좌로 자금을 이체한다.

 부자의 계좌관리 비법

ⓦ **1단계 : 계좌 나누기**
계좌를 '결제계좌' '목적계좌' '투자계좌'로 나눈다.
- 결제계좌 : 카드결제 및 현금 입출금이 자유로운 은행계좌
- 목적계좌 : 임대료나 이자소득, 배당소득 등 쓸 곳이 정해져 있는 돈을 미리 만드는 계좌
- 투자계좌 : 먼 장래를 위해 모아야 할 돈을 적립하는 계좌

ⓦ **2단계 : 수입과 지출의 관리**
모든 수입은 하나의 계좌를 통해 관리한다.

ⓦ **3단계 : 쌓이면 투자하라**
비상금을 제외한 돈은 수입계좌와 투자계좌로 모두 이동시켜라.

급변하는 산업의
흐름을 읽어라

:

　시중 은행에 근무하는 이 차장(46세)은 지방에서 대학을 졸
업하고 은행에 취직해서 흔히 많은 샐러리맨들이 바라는 작은
부자로 성공한 사람이다. 결혼 후 주택은 전세부터 출발했지만
지금은 목동에 40평형 아파트와 상당한 금융자산을 가지고 있
다. 은행 업무의 특성상 돈을 자주 접했던 그는 동료 직원들과
달리 부자들이 어떻게 돈을 벌었는지에 관심이 많았다. 그러다
보니 자연스럽게 부자들과 친하게 지내게 되었다. 부자들은 어
떻게 부를 일구어왔고 투자 포인트를 무엇으로 삼았는지도 궁
금했다. 그러던 중 부자들이 세부적인 경제를 읽어내는 방법을
알게 되었다. 이 차장의 말에 따르면 부자들 치고 신문을 가까
이하지 않는 사람이 없다고 한다. 한국에서 부자가 되기 위해
서는 경제를 읽어야 하는데, 그 중에서 금리, 주가, 부동산, 유

가, 환율, 채권 등 여섯 가지 주요 경제변수는 반드시 알아야 한다는 것이다.

최근 몇 년 사이에 일본의 '잃어버린 20년'의 재앙이 한국에서도 반복될 가능성에 대해 언론들의 리포트가 쏟아졌다. 경기가 어렵고 조선업의 불황이 지속되는 시기이기도 하지만 그만큼 내수경제가 어렵다는 것이다.

선진국의 특징 중 하나가 저성장인데, 고성장을 경험한 우리들에게는 이 같은 저성장이 더 크게 느껴지는 시점이기도 하다. 우리나라는 1980년대에는 연평균 10% 이상씩 성장하면서 7년 만에 두 배씩 경제 규모를 키워왔다. 그런데 경제성장률이 2%대로 하락하면서부터 경제 규모를 두 배로 키우는 데에는 30년 이상이 소요된다. 최근에는 3%대 성장률을 보이고 있다. 초저성장시대로 들어가는 것이다.

이처럼 잠재성장률이 급락하게 된 배경에는 인구 증가세의 둔화와 고령인구 증가로 인한 노동인구 감소가 가장 크다. 그리고 기업들의 투자 의욕 부진에 따른 자본 축적 저하, 수출의 부가가치 창출력 약화와 교역 조건의 악화, 내수 부문 취약, 그리고 뚜렷한 신성장산업의 부재 등이 원인으로 꼽힌다.

이제 우리들에게는 새로운 성장 동력이 필요하다. 부자들은 신성장산업에 대해 배우고 흐름을 읽어야 한다. 돈을 벌기보다는 살아남기 위해서 필요하다. 무엇보다도 내수에 그 해답이 있다. 관광이나 레저 그리고 의료에 있다고 보고 세심하게 살펴야 할 때다.

부자들은 부자가 되기 위해 인생의 절반을 보내고, 부자가 되어 그 돈을 관리하고 키우기 위해 절반을 보낸다고 한다. 그러한 과정에서 가장 중요한 것은 변화하는 사회에 적응하기 위한 지식이다. 부자들은 이런 지식을 습득하기 위해 남보다 몇 배의 노력을 기울인다. 그런데 대부분의 부자들이 흔한 신문이나 뉴스를 통해 지식을 얻고 있다. 일반인들은 신문이나 뉴스의 기사 내용을 보고 사실로만 받아들인다. 하지만 부자들은 그 내용을 해석하고 영향을 분석하는 능력을 가지고 있으며, 탁월한 능력을 보이기도 한다.

부자들이 신문을 읽어내는 20계명

1. 숲을 보고 나무를 보라. 또 신문기사의 큰 제목을 적어본다.
2. 신문에 나온 기사의 행간까지 읽어라. 기사의 이면을 이해해야 한다.
3. 신문기사는 신호이고 손짓이며 바로미터임을 명심하라.
4. 사회문화와 정치경제 간의 상관관계를 적어보라.
5. 주요 경제변수(주식, 부동산, 채권, 환율, 유가, 금리)를 파악하라.
6. 신문 하단의 광고란을 보고 체감 경기를 느껴보라.
7. 사건사고를 반드시 챙겨보고 사회의 흐름을 읽는다.
8. 뉴스를 해석하는 습관을 가져라.
9. 다양한 정보 수집 채널을 이용하라.
10. 하루 1시간 이상 신문 읽기에 투자하라.
11. 금융기관의 신상품과 분양기사를 보라.
12. 사건이 발생하면 유리한 분야와 불리한 분야를 찾아라.
13. 부동산 시장의 현황은 강남 아파트 기사를 참고하라.
14. 증권시장 추이는 각 증권사 리서치 자료를 살펴보라.
15. 금리 현황은 국민은행 기사를 보라.
16. 기업 주가는 관련 주가와 연동하여 해석하라.
17. 수출 기사는 반도체, 휴대폰 등 5대 품목의 수출 추이를 읽으라.
18. 뉴스를 100% 믿지 마라.
19. 자기만의 해석 능력을 길러라.
20. 계속 변화하는 기사를 주목하라.

겸손한 멘티가
부자 멘토를 만난다

⋮

자주 만나는 부자들을 보면서 이들에게는 과연 누가 곁에 있을까? 투자나 어려울 때 가족들과 상의할까? 아니면 누구에게 자문을 구할 것인가? 부자들과 함께 있다 보면 부자와 부자가 아닌 사람들의 차이점도 자연스레 알게 된다. 그들은 자기만의 '멘토'를 가지고 있다는 것이 바로 가장 큰 비결이자 특징이다.

부자와 상관없이 역사적으로 유비가 제갈공명을 장자방(張子房)으로 삼았듯, 이성계가 한명회를 옆에 두듯 세상을 살아가기 위해서는 도움을 주는 사람이 필요하다. 멘토(Mentor)는 현명하고 신뢰할 수 있는 상담 상대, 지도자, 스승, 선생의 의미로 쓰이는 말이다. 멘토라는 단어는 「오디세이아(Odysseia)」에 나오는 오디세우스의 충실한 조언자의 이름에서 유래했다. 오디세우스가 트로이 전쟁에 출정하면서 집안일과 아들 텔레마코스(Telemachus)의 교육을 그의 친구인 멘토에게 맡긴다. 오디세우스가 전쟁에서 돌아오기까지 무려 10여 년 동안 멘토는 왕자의 친구, 선생, 상담자, 때로는 아버지가 되어 그를 잘 돌보아주었다. 이후로 멘토라는 그의 이름은 한 사람의 인생을 지혜와 신뢰로 이끌어주는 지도자의 의미로 사용되고 있다.

부자들은 자산 관리를 하는 데 있어 시도 때도 없이 멘토를 옆에 두고 묻고 의논한다. 부자일수록 투자나 자산관리에 관심이 많지만 부자가 아닌 사람들은 별로 신경을 쓰지 않는다. 부자가 아닌 사람은 급여가 나오면 통장에서 자동이체 되어 펀드로 들어가면 끝이고, 그것으로 재테크를 다 했다고 생각한다. 절대적으로 이야기하지만, 펀드 하나 넣고 자산관리를 한다고 말하는 것은 어불성설이며, 이것만으로 부자가 되지 않는다. 부동산 자산이나 금융자산을 움직여야 부자가 될 가능성이 생기는 것이다.

부자들은 돈 버는 일을 지독하게 한다. 지독하게 고민하고 따져보고 멘토들에게 자문을 구하지만 결정을 한 후에는 즉각 실행한다. 그런데 부자가 아닌 사람들은 결정을 했음에도 실행하는 데 수년이 걸린다. 실행에 대한 확신이 부족하여 그냥 방치하는 것이 일반적이다. 부자들은 조금의 돈을 가지고 있다 해도 실행하기 때문에 부자가 된다. 실행하면 분명 성공과 실패 둘 중 하나다. 그러나 실행하지 않으면 성공도 실패도 없다. 도전하지 않으면 기회조차 없다는 것이다. 기회는 늘 우리에게 오지만 기다려 주지 않는다.

또한 부자들은 자신에 맞는 멘토를 가지고 있다. 부자가 아닌 사람들은 소문이나 신문과 언론에 의존해서 시장의 흐름을 판단하려고 한다. 그렇다면 대한민국 최고의 부자는 부동산 현장을 취재하는 기자들이나 언론인들이 되어야 하지 않겠는가? 그런데 현실적으로 그렇지 않다. 그렇기 때문에 투자나 부동산에 대해 실전과 이론을 겸비한 멘토를 꼭 찾아야 한다. 주변에 멘토가 많이 있다고 하더라도 자신에게 맞는 멘토는 반드시 찾아야 한다.

기록을 해야
미래의 돈이 보인다

.
.
.
.
.
.

    돈 버는 이야기와 부자들의 성공담을 들으면서 필자도 하나
의 습관이 생기게 되었다. 돈을 만지는 은행에서 근무하는 까
닭에 자연스럽게 부자와 돈 버는 이야기를 자주 접하게 된다.
그러면서 한 가지 깨닫게 된 것은 부자들의 삶과 인간관계, 그
리고 그들이 '부자왕국'을 완성해 가는 비밀 속에는 바로 '기록'
이 있다는 점이다.

    유통업을 하는 정 사장(52세)은 10년 전만 해도 무일푼으로
일용직을 전전했었다. 하지만 지금은 지방 도시의 중심상가에 4
층짜리 빌딩을 소유한 50억 원대 자산가가 되었다. 햇살이 따사
롭게 비치던 어느 가을날 오후에 정 사장을 그의 사무실에서 만
났다. 대화 도중 그가 창밖 풍경에 시선을 돌리며 낮게 탄성을

질렀다.

'아! 오늘 하루를 마감하는 시간이구나.'

그는 이어 손때 묻고 해어진 노트 한 권을 서류철 속에서 끄집어내더니 무언가를 적기 시작했다. 노트는 잘 알아볼 수 없는 낙서 같은 글씨들로 가득했으며, 간간이 신문 광고지가 붙어 있거나 한자도 씌어 있었다.

'오늘 계획은 비교적 잘 되었음. 인테리어 하는 김 사장 개업식 저녁 7시. 꽃보다는 시계를 선물하는 것이 좋음….'

그가 노트에 적어 넣은 내용이다. 얼마 전만 해도 일지를 쓰는 동안에는 옆에도 못 오게 하던 그였다. 이제는 친구처럼 지내면서 신뢰가 쌓였는지 별로 개의치 않는다.

"자네는 하루의 마감을 무엇으로 하는가?"

정 사장이 필자에게 물었다. 당황한 나를 보더니 껄껄 웃으며 말을 이었다.

"나는 반드시 이 일로 하루를 마감하지! 사람은 모름지기 하루를 잘 살아야 한 달을 잘 살고, 한 달을 잘 살아야 일 년을 잘 살 수 있다고 봐. 하루하루를 그렇게 산다면 10년 후 자네의 인생도 변할 거야!"

그는 무일푼 신세가 되어 희망도 보이지 않던 10년 전을 회고했다. 그러면서 자신이 부자가 된 것도 따지고 보면 일지를 써서 가능했다고 자신 있게 말했다.

필자가 경험한 한국의 성공한 부자들은 비록 형식은 다르지만 투자일지, 사업일지, 재테크일지 등을 쓰고 있었다. 이를 종합해 부자일지라고 부르는데, 부자일지는 단순한 메모장이 아닌 삶의 나침반이요, 계획표이자 연습장이라고 할 수 있다.

한국의 부자들 대부분은 부자일지를 형식이나 내용에 구애받지 않고 자기 상황에 맞춰 많은 시간을 들여 작성해 왔다. 서로 약속한 것도 아닌데, 비슷한 형태의 부자일지를 쓰고 있는 셈이다. 부자들은 부자일지에 10년 후의 자신의 모습을 담았고, 이를 달성하기 위해 한 달, 1년, 5년을 어떻게 살지 계획한다. 부자일지는 단지 어떤 정보를 기록하고 메모하는 기록장이 아니라 부자가 되기 위해 인생 전반을 계획하고 그 계획을 철저히 실천할 수 있게 만드는 실행지침서이다.

지금 당장 작은 실천으로 부자일지를 써보라고 독자들에게 감히 제안을 드린다. 그러면 '부자라는 선물'이 여러분을 기다릴 것이다.

나의 얼굴에
'부자라인'을 만들어라

색깔은 빛의 고통의 산물이다. 아름다운 색깔을 내기 위해
서는 눈에 보이지는 않지만 수많은 빛이 자신을 낮추고 새로운
색깔을 만드는 데 희생한 결과가 아닐까? 부자가 되는 것도 유
혹을 뿌리치고 성공을 위해 빛을 발하는 것과 같다.

가락동 농수산물시장에서 도매업을 하고 있는 정 사장(42
세)은 고생을 모르고 살아온 귀공자 같은 밝은 표정과 활기찬
말씨 그리고 좋은 매너를 가졌다. 늘 긍정적인 그의 웃음은 청
년 시절 가락동 농수산물시장에서 잔뼈가 굵은 자수성가 부자
라는 사실이 믿겨지지 않을 정도로 보기 좋은 모습이었다. 많
은 사람들은 부자가 되기 위해 종잣돈을 만들어 투자에 성공
하는 것이 부자가 되는 최선의 방법으로 꼽곤 한다. 물론 이 방

법도 틀리지 않다. 그러나 부자가 되는 데에는 이것만으로는 충분하지 않다. 정 사장은 지방에서 고등학교를 졸업하고 남들이 번듯한 직장과 대학을 선택할 때 일찍부터 시장에서 숙식하면서 장사를 배우고 돈 버는 방법을 배웠다. 어린 나이에 시장에서 일하다보니 무시당하고 세상에 휘둘리기도 했지만, 한 번 그의 수중에 들어온 돈은 나가는 법이 없을 정도로 자린고비 생활을 수년간 해왔다. 그가 이런 생활을 견뎌 온 것도 성공할 수 있다는 믿음이 강했기 때문이다.

정 사장은 어렸을 때부터 부모님에게 어렴풋이 들어온 이야기가 있다.

"거지도 동냥을 잘 받기 위해서는 인상이 좋아야 한다."

성공하기 위해서는 남에게 좋은 인상을 주어야 한다는 이야기를 항상 스스로에게 다짐해왔다. 힘들 때마다 자신을 다독거리는 보약 같은 말이었다. 그는 사람들을 만나거나 하는 일이 힘들 때 스스로에게 웃음을 보내는 습관이 있다. 처음에는 쑥스럽고 어려웠지만 시간이 지나자 점차 적응이 되어갔다. 매사에 활력적이었고, 물건을 구입하러 온 고객에게도 밝은 표정으로 인사하면서 뛰어난 친화력을 보였다. 그때 일하던 가게의 사장이 지금의 정 사장에게 심적·금전적인 도움을 주었고, 그로 인해 무일푼이었던 그가 현재 운영하고 있는 가게를 차리며 빠르게 자리 잡을 수 있었다.

정 사장뿐만 아니라 많은 부자들을 만나보면 그들이 외모에 남다르게 신경을 쓴다는 사실을 알 수 있다. 저자가 만난 부자들, 특히 나이가 많은 부자들은 흰머리를 보여주지 않기 위해 다수가 염색을 한다. 염색을 하면 불편하고 번거롭다. 그런데 왜 염색을 하느냐고 물으면 '나를 위해서가 아니라 다른 사람을 위해서'라고 말한다. 게다가 염색을 하면 자신감도 생기고 대인관계도 좋아진다. 특히 그들의 얼굴을 찬찬히 뜯어보면 표정이 매우 밝다. 그리고 자신감도 있어 보인다. 그만큼 잘 웃는다는 이야기다.

15초간 웃을 경우 수명이 이틀 연장된다고 한다. 아이들은 하루에 400~600번 정도 웃지만 어른이 되고나서는 하루에 10번 이내로 웃는다고 한다. 웃음치료사들은 사람이 한 번 웃을 때의 운동 효과는 에어로빅 5분의 운동량과 같다고 주장한다. 웃음을 받는 사람보다 웃는 사람이 더 행복하다는 연구 결과도 있다. 그래서 부자들은 일반 성인들보다 훨씬 많이 웃는다. 오랜 웃음의 결과로 부자 얼굴에는 '나는 부자요'라고 표시하는 '부자라인'이 자연스럽게 생기기 마련이다.

부자라인은 크게 세 가지로 나누어진다. 첫째, 얼굴에서 돈을 흘리지 않도록 보관하는 인중 라인이 있다. 둘째, 법령이라는 라인이 있다. 셋째, 미소를 항상 머금은 소위 입 주위의 웃음 라인이다. 긍정적인 사고가 얼굴에 나타나는 법이다. 결론적으로 웃으면 부자 되고, 웃음이 있으면 건강하여 오래 산다고 할 수 있다.

많은 부자들을 만나고 그들의 인생을 뒤돌아보면 웃을 일보다는 짜증나는 일이 더 많았다고 한다. 그런데 왜 얼굴에 부자라인이 뚜렷하고, 일반 사람들보다 더 많이 가지고 있을까? 부자들을 만나면 습관처럼 얼굴을 살폈다. 하지만 부자라고 해서 전부 부자라인이 있는 것은 아니다. 다만 확률적으로 더 많다는 것이다.

그러면 부자라인이 부자가 되는 것에 있어서 정말 중요한 것일까? 부자가 되는 데 결정적인 요인일까? 결론을 말하자면 부자가 되기 위해서 부자라인을 가지고 있어야 한다기보다 부자라인을 가지고 있으면 자연스럽게 부자가 될 가능성이 높아진다. 가락동 농수산물시장의 알부자 정 사장을 포함한 대한민국 부자들이 가지고 있는 부자 표시 또는 부자라인을 분석해 보면 다음과 같다.

첫째, 부자라인은 의도적으로 만들어진 것이 아니다. 자연스럽게 생활 속에서 많은 시간을 두고 형성된다. 일단 한 번 생기면 쉽게 없어지지 않고 오랫동안 유지된다. 그래서 어느 수준에 이르게 되면 삶 전체에 영향을 미친다. 한동안 미국 할리우드 배우들이 일부러 성형수술을 하면서 부자라인을 만들려고 한다는 해외 토픽을 들은 적이 있다. 그들도 부자라인의 가치를 알고 있다는 것이다. 부자들은 평소에 좋은 습관을 많이 가지고 있으며, 늘 성실하다. 즉 그러한 습관과 성실한 노력이 쌓이고 쌓여서 자연스레 부자라인이 만들어지는 것이다.

둘째, 좋은 마음씨를 가져야 한다. 부자라인이 얼굴에 나타나는 결과라면 부자라인을 만드는 내면의 힘은 바로 좋은 심성(心性)이다. 아무리 겉을 화려하게 화장을 해도 내용물이 좋아야 오래 간다. 실패를 거듭하고 힘들어도 이를 극복하고 당당하게 부자가 될 수 있는 힘은 성공에 대한 믿음이 높았기 때문이다. 한마디로 긍정의 힘이다.

셋째, 부자들은 많이 웃는다. 평균적으로 보통 사람들보다 많이 웃는다. '거울은 결코 혼자 웃지 않는다'라는 말도 있지 않은가? 자신이 먼저 웃지 않으면 누구도 나를 보고 먼저 웃지 않는다는 것이다. 웃다 보면 웃을 일이 생긴다. 미국 인디애나

주 볼 메모리얼 병원(IU Health Ball Memorial Hospital)은 외래 환자들을 조사한 결과, 하루 15초씩 웃으면 수명이 이틀 더 연장되는 것으로 나타났고 암도 물리친다고 발표했다. 이는 사람이 웃을 때 '엔돌핀' 호르몬이 분비되기 때문이다. 20년간 웃음의 의학적 효과를 연구해 온 미국의 리버트 박사는 웃음을 터뜨리는 사람에게서 피를 뽑아 분석해 보면 암을 일으키는 종양세포를 공격하는 킬러세포(killer cell)가 많이 생성되어 있음을 알 수 있다고 한다. 부자들이 더 건강하고 오래 사는 데에는 웃음이 충분한 증거가 된다고 볼 수 있는 대목이다.

 부자라인을 만드는 7가지 실천 지침

1. 부자가 되었을 때 즐겁고 행복한 장면을 연상해 보라.
2. 부자들의 성공 이야기와 이미지를 습관처럼 자주 접하라.
3. 혼자 하기보다 같이 하라. 다른 사람과 함께 하면 기쁨이 두 배가 된다.
4. '나는 반드시 성공한다'라고 자신의 성공에 대해 동의하라.
5. 거울을 보면서 자신이 가장 즐거울 때 웃는 표정을 수시로 연습하라.
6. 박수를 치며 웃는 박장대소 웃음을 생활화하라.
7. 사무실과 집을 밝고 환하게 꾸며라.

우리가 잘 모르는
알부자들의 특징

:
:
:
:

    부자들은 소중한 것을 먼저 한다. 부자들은 어떤 선택을 하거나 투자를 할 때 매번 느끼는 감정이 있다. 보통 사람들보다 복잡한 투자를 결정할 때 무엇을 선택해야 할지 집중하고 우선순위를 두어 결정하는 것을 종종 볼 수 있다. 시간과 기회를 효율적으로 운영하는 것이다. 많은 경우 여러 가지 대안을 고민하다가 때를 놓치거나 아니면 기회마저 잃어버리고 결국 처음 생각한 대로 되지 않는 경우가 있다. 독자들도 이러한 경험이 있을 것이다. 자신의 입장에서 일의 우선순위를 정하여 급하면서 중요한 일에 가장 먼저 손을 대고, 급하진 않더라도 중요한 것에 많은 시간을 할애하는 지혜가 필요하다.

    필자는 전문가를 100퍼센트 신뢰하지 않는다. 부자들은 대개 은행원이나 증권사 직원들과 가깝게 지낸다. 그렇다고 그들을 100퍼센트 신뢰하지 않는다. 그들에게서 정확하고 좋은 정보를 얻긴 하지만, 최종 판단은 항상 자신들의 몫이다. 왜냐하면 그들은 부자가 아니기 때문이다.

성공한 기업가나 부자들은 아침에 일찍 일어난다. 남보다 삶에 대한 목표를 뚜렷이 하고 계획성 있는 하루를 보내기 위해서다. 부자들에게 '왜 아침에 일찍 일어나는가'라고 물으면 '아침이 기다려진다. 그리고 일이 기다려진다'라고 대답한다. 그래서 생활이 건전해지고 저녁에 일찍 잠자리에 든다. 자연스레 건강해질 수밖에 없다. 무엇보다 하루를 두 배로 활용할 수 있는 시간의 여유를 가질 수 있게 된다.

「화이트홀 연구(Whitehall Study)」라 불리는 영국 공무원들의 건강보고서에 따르면, 하위 공무원에 비해 상위 공무원들이 훨씬 오래 산다고 한다. 하위 공무원들의 사망률이 상위 공무원들보다 3배나 높다. 즉 돈을 많이 벌고 더 높은 지위에 오른 사람들의 평균 수명이 그렇지 못한 사람들에 비해 길다는 것이다. 돈이 많으면 보다 나은 주거 환경과 의료 혜택을 누릴 수 있다는 것은 당연하다. 때문에 이 조사에서 수명과 경제적 조건이 연관되어 있다는 전제 하에 사망 원인을 조사한 결과, 스트레스가 주 원인인 것으로 밝혀졌다. 다시 말해 돈이 많고 지위가 높은 집단일수록 스트레스가 없어서 오래 살 수 있다는 이야기다. 또 절대적인 부와 명예의 크기보다 주변 사람에 비해 다방면으로 우월하다는 확신을 가질 수 있느냐의 여부가 수명을 좌우하는 것으로 나타났다.

또한 부자들은 반려자를 투자 파트너 겸 조언자로서 존중한다. 은행에서 근무하다 보니 자연스럽게 부자들의 아내도 자주 접하게 된다. 부자들은 사업이나 업무 관계로 좀처럼 시간을 낼 수 없을 때 아내가 은행을 내점하여 각종 은행 거래와 투자를 결정한다. 돈을 불리고 지키는 데에는 여자가 남자보다 더 냉철하고 안전한 판단을 내리는 경우가 많다. 인생의 동반자인 아내를 무시하는 사람은 대개 끝이 나쁘다.

부자들은 대다수 오래된 가구나 가전제품을 가지고 있다. 절약의 이유도 있지만, 그만큼 관리를 잘하기 때문이다. 또 스타일이 변했다고 유행을 좇아가거나 쓸 수 있는 제품을 버리고 최신 가전제품을 구입하지 않는다. 옷차림도 대체로 수수하다. 돈 많은 부자들이 주로 거래하는 PB센터에서 보면 옷은 수수하면서도 드러나지 않는 명품을 선호한다. 그리고 자신에 대해서도 떠벌리지 않는 편이다. PB들이 말하는 부자 고객들의 특성이다. 이들도 명품을 많이 소유하고 있지만 지나치게 화려하지 않고 나서기보다 묵묵한 태도를 보이는 경우가 많다고 한다.

또한 부자들은 자녀 교육에 투자하는 경향이 강하다. 아버지의 직업이 고소득에 화이트칼라 계층인 서울대학교 신입생의 비중이 날로 커지고 있다. 과거처럼 가난한 집에서 공부 잘하는 학생이 많이 나온다는 말이 무색해지고 있다. 물론 이런 현상이 긍정적이라는 것은 아니다. 다만 바꿔 말하면 이제 성공하기 위해서는 자식 교육에 많은 투자가 있어야 하기 때문에 부자 아빠가 필요한 것이라고 말할 수 있다.

부자들의 상징은 붉은색이다. 부자가 되기 위해 의도적으로 붉은색 옷을 입으며 붉은색을 항상 가까이 한다. 물론 이런 행동들이 결코 과학적이지 않다. 그럼에도 붉은색을 선호하는 이유는 붉은색이 정열과 힘을 갈망하고, 희망을 담은 붉은색을 자신의 신념과 일치시켜 더욱 신념을 공고히 하기 때문이다.

부자들은 주말보다 평일 쇼핑을 좋아한다. 또 비교적 비싼 물품을 구입한다. 여기에는 가능한 한 노출을 꺼리는 측면도 있지만, 한가할 때의 쇼핑이 충분한 설명과 대우를 받을 수 있다는 장점도 있다. 또 주택은 남향을 선호한다. 서울 도곡동 타워팰리스의 가격대가 같은 평수라도 방향에 따라 6~7억 원의 차이가 난다. 물론 가장 비싼 것은 남향이다.

한국의 부자들은
부자일지를 쓴다

:

필자의 외삼촌은 특별한 기술이나 배움이 없었지만, 시골에서 도시로 나와 갖은 어려움을 겪으면서 자수성가한 부자다. 언젠가 외삼촌의 가게에서 함께 대화를 나눌 때였다. 외삼촌은 손때 묻은 장부를 보면서 4~5년 전의 수입/지출과 지금의 수입/지출을 비교해 보고 사업의 방향을 고민한다는 이야기를 했다. 외삼촌이 보여준 장부는 단순한 장부가 아니었다. 그 안에는 거래처 사장의 성향, 중요한 약속, 마진과 예상 수입 등 다양한 정보가 기록되어 있었다. 외삼촌은 매년 이것을 다시 정리하고 수정해서 자기의 목표를 기억하도록 했다. 즉 일지를 통해 자신의 성(城)을 공고히 구축했던 것이다.

비단 필자의 외삼촌뿐만 아니라 성공한 많은 부자들이 자신만의 방법으로 부자일지를 기록한다. 어느 50대 자산가는 알아보기 힘든 글씨로 깨알같이 적힌 빛바랜 초등학생용 노트를 평생 보관하고 있었는데, 홍수 피해로 집이 침수되더라도 부자일지만은 버리지 않는다고 말하기도 했다.

지방에서 소규모 운수업체를 운영하는 최 사장(58세)은 남보다 한 시간 더 열심히 일하고, 한 시간 덜 자고, 한 시간 빨리 일어나는 '1.1.1'을 매일 변함없이 실천하고 있다. 특별한 정규 교육을 받지 못했고 겉보기에도 아는 것이 별로 많아 보이지 않았다. 그런데도 최 사장이 경기 흐름과 전망을 한눈에 꿰뚫고 있는 비결이 무엇인지 늘 궁금했다. 하지만 그를 계속해서 지켜보니 의문은 금방 풀렸다. 최 사장은 다른 부자들과 마찬가지로, 형태와 양식은 다르지만 오랜 세월 동안 매일 실천하고 기록하는 부자일지를 써왔던 것이다.

부자일지는 단순한 메모나 기록이 아니다. 부자일지는 마음 속에 품었던 부자 목표를 글로 기록하는 작업이다. 즉 부자일지는 '부자의 내비게이션'이다. 서울 강남에서 삼겹살 고깃집을 운영해 성공을 일군 석 사장(40세)은 그의 부자일지 첫 페이지에 '50세에 30억 부자가 되어 은퇴하자'라는 문장을 새겼다. 그것은 그로 하여금 목표를 달성할 수 있게 해주는 원동력이 되었다.

부자 목표를 정하기 전에 고민해야 할 내용

☐ 내가 60세까지 벌 수 있는 금액의 총액은 얼마일까?
☐ 사랑스런 내 자녀들이 대학까지 공부하기 위해 필요한 교육 자금
　은 얼마일까?
☐ 결혼 적령기에 있는 아이들의 결혼 시기와 결혼 자금은 얼마일까?
☐ 앞으로 3~5년 안에 집을 장만하거나 늘리고 싶다.
☐ 100세까지 살 경우 20년 동안 얼마의 생활 자금이 필요한가?
☐ 현재 다니는 직장을 그만두고 사업을 하고 싶다.
☐ 노후 준비로 임대 수입이 있는 상가 부동산을 갖고 싶다.
☐ 작지만 내가 봉사할 수 있는 일을 찾고 싶다.

위와 같은 항목들을 생각할 때 세 가지 규칙을 고려해 보자.

첫째, 부자가 되기 위해 중요한 것이 무엇인지 적어보자. 즉 미션과 비전을 결정해야 한다. 미션이란 본인의 삶에 있어서 사랑과 행복을 추구하는 변하지 않는 진리라고 할 수 있다. 왜 부자가 되어야 하는지, 어떤 부자가 되어야 하는지에 대한 변하지 않는 가치를 정립해야 한다. 또 이 미션을 달성하기 위해 필요한 세부 전략으로 비전이 나와야 한다. 비전이란 미션을 이루기 위해 실제로 행동을 통해 달성하기 위한 세부 목표다. 비전은 힘을 집중시켜 주고 방향을 제시해 주며, 전력을 다해 앞으

로 나아갈 수 있게 도와준다. 그리고 비전은 미래의 청사진이다. 한 개인이 미래에 대한 명확한 비전을 가지고 있다는 것은 대단한 경쟁력이다.

둘째, 기간별로 구체적인 목표를 구분해 보자. 비전을 달성하기 위해 가장 중요한 부자 목표를 단기, 중기, 장기로 표시해 본다. 그리고 일 년씩 자산 변동에 대해 구체적인 항목을 이용하여 미리 예측해 보면서 개인적인 중요도에 따라 1~10까지 순위를 매겨본다. 각각의 항목을 채울 때 고려해야 할 사항은 각 자산 목표들의 순위가 고정된 게 아니라는 점이다. 자신의 라이프스타일이나 은퇴, 창업, 사업 전환 등 중요한 사건이 발생하거나 인생의 전환점에 부딪칠 때마다 변할 수 있다는 점이다.

셋째, 자신의 인생 주기에 따라 부자 목표를 정하자. 그리고 자신의 인생의 주요 사건과 연계된 목표를 찾아내어 구체적으로 적어보자. 일례로 20대 사회 초년생은 결혼 자금과 전세 자금 등이 필요할 것이다. 결혼한 30대는 주택 구입비와 자녀 출산 비용, 교육 자금 등이 필요하다. 중요한 것은 이때부터 자신의 노후에 필요한 자금이 20% 이상 준비되어야 한다는 것이다. 40대는 전체 지출이 제일 많은 시기이며, 노후 준비 또한 60~70% 이상 되어 있어야 한다. 본격적인 노후에 들어가기 직전인 50대에는 노후 자금이 100% 준비되어야 한다. 60대는 은퇴와 함께 사회봉사도 하고 여행과 운동 등을 즐기면서 노후생활이 시작되는 시점이다.

부자일지를 작성해서 얻는 효과들을 정리해 보면 크게 세 가지 지수로 나눌 수 있다. 능력지수, 지식지수, 부자지수가 바로 그것이다. 부자일지는 이 세 가지 지수를 키우는 학습의 장(場)이자 실천 가이드다. 능력지수는 실천력을 말한다. 아무리 많이 알거나 정보를 가지고 있어도 이를 현실화시키지 못하면 소용없다. 지식지수는 세상을 보는 능력이다. 부자일지를 쓰며 신문을 읽고 지식을 얻는 일들이 여기에 해당된다. 처음에는 닥치는 대로 적어보고 해석해 보는 시도가 중요하다. 이런 과정을 어느 정도 거치면서 자기만의 지식이 쌓이기 시작한다. 이 지식은 당신을 전문가로 만들어줄 것이다. 마지막은 부자지수다. 이는 부자가 되기 위해 필요한 진정한 능력이다. 원래부터 부자지수가 높은 사람은 없다. 부자일지를 쓰다 보면 자신도 모르게 몸과 마음에 부자의 자질이 쌓이게 된다. 실천과 지식만으로는 충분하지 않다. 위기가 닥쳤을 때 이를 이겨내고 극복하는 정신력이 중요하다.

부자일지를 습관화하기 위해서는 매일 규칙적으로 작성해야 한다. 규칙적으로 쓰는 일은 우리의 뇌를 정기적으로 자극한다. 또한 자신의 관심사를 확인하고 하루를 주요 주제별로 정리한다. 이를 통해 일의 처리 순서를 나름대로 정할 수 있다. 또 신문, 잡지, 책 내용 등 자료를 매일 정리한다. 부자일지에 붙일 수 있도록 복사하거나 잘라서 스크랩하는 방법도 추천한다. 습관이 반복되면 곧 자신의 것이 된다. 습관이 당신을 부자로 만들 것이다.

부자일지를 쓰면 얻는
7가지 장점

부자로 나아가는 습관을 얻는다

부자일지를 쓰면 위험 부담이 큰 투자를 해야 할 때 실패 위험을 현저히 떨어뜨리는 데 도움을 얻는다. "연습은 실전처럼, 실전은 연습처럼"이라는 말이 있다. 그렇게 되려면 지속적으로 부자일지를 쓰는 습관과 훈련이 필요하다.

이런 연습과 훈련이 곧 시스템 사고를 하도록 자신을 변화시켜 준다. 무의식적으로 생각하고 실천할 수 있도록 만들어 주는 것이다. 그러기 위해서는 시스템 사고가 자연스럽게 실제 행동으로 이어져야 하는데, 이는 다름 아닌 '습관화'를 통해 이룰 수 있다. 부자일지는 바로 습관화에 매우 유용한 도구다.

문제해결 수단인 시스템 사고를 하게 된다

　시스템 사고는 부자들이 공통적으로 가지고 있는 능력이다. 부자들은 정보와 수치를 더 객관화하여 잘 이해하고 해석하는 편이다. 이로 인해 발생할 수 있는 오류를 최소화하고, 이는 돈을 모으는 데 본격적으로 활용된다.

　일반인들은 안정적인 저축으로 돈을 모으는 방법을 선호한다. 투자할 때도 일시적인 감정에 치우쳐 평상심을 잃어버리는 경우가 비일비재하다. 부동산 가격이나 주가가 조금 오르거나 내리기만 해도 바로 처분하는 행동을 취한다.

　반면 부자는 높은 수익이 기대되면 다소 위험하더라도 투자를 강행한다. 사전에 기대수익률을 정해 그 범위 내에서 가격이 오르고 내리는 정도는 충분히 견딘다. 부자와 일반인이 이처럼 다른 행동을 하는 이유는 사고 체계가 다르기 때문이다. 부자는 자신이 정한 목표를 달성하지 못하면 여전히 가난하다고 생각한다. 반면 일반 사람들은 이 정도면 충분하다고 생각한다. 부자는 돈 문제에서 자유로울 때 비로소 부자라고 인식한다. 특히 40~50대에 돈에서 자유로운 자산 구조를 만들려고 애쓴다. 부자들이 임대업을 많이 하는 이유는 매월 일정 수익의 발생이 보장되기 때문이다.

'부자의 뇌'를 갖게 된다

부자일지를 쓰면 그만큼 손을 많이 사용하게 된다. 대뇌과학자들은 손을 '제2의 뇌' 혹은 '밖에 나와 있는 뇌'라고 말한다. "태어난 순간부터 뇌를 사용하라. 그렇지 않으면 잃게 된다"는 말도 있다. 뇌는 쓰면 쓸수록 좋아지고 기능이 향상된다는 말이 있다. 인간의 뇌는 두 개의 뇌로 나뉘어져 있다. 지각 능력, 학습 능력, 언어 능력, 계산 능력 등 지적 활동을 담당하는 이성뇌 '전두엽'과 기쁨, 슬픔, 분노 등 감정적 활동을 담당하는 감성뇌 '변연계'가 그것이다.

부자들이 더욱 부자가 되고 셈에 정통한 이유는 일반 사람들과 달리 나이가 들어도 지속적으로 전두엽과 변연계를 활용하기 때문이다. 부자일지도 이러한 산물로 봐도 무방하다. 많은 사람들이 일지와 가계부, 다이어리를 쓰고 있지만 부자일지와는 그 활용 방법과 기능에서 많은 차이가 있다. 부자일지를 쓰면 뇌의 활동이 왕성해져 결국 부자의 길로 접어들 수 있다. 습관적으로 반복되어 관념으로 굳어진 모든 의식 상태는 뇌에 깊은 인상을 남겨 사람의 행동과 삶에도 많은 영향을 끼치게 된다.

나무보다 숲을 보는 안목이 생긴다

자수성가형 부자들과 일반인들에게 똑같은 신문을 제한 시간 동안 읽게 한 후 인식의 차이를 측정하는 실험을 했다. 서로 전혀 관계없는 기사를 무작위로 주고 실험자들에게 읽게 하는 방식으로 진행되었다. 동일한 내용을 보게 한 뒤에 부자와 일반 사람 모두에게 이야기하도록 하였는데, 그 결과가 자못 흥미로웠다.

부자들은 신문 전체의 내용을 헤드라인 부분을 중심으로 정확하게 기억했다. 즉 부자는 '아파트 가격 폭등' 기사, '지하철 파업 장기화' 기사 등을 우리나라 경기와 사회가 불안정하다는 관점으로 묶어서 이야기했다. 반면 일반인들은 사실 자체만 기억할 뿐 전체적인 흐름으로 파악하지 못했다. 실험 결과만을 놓고 보자면 부자는 나무를 보고 숲을 읽었고, 일반인들은 나무만 볼 뿐 숲을 보지 못하는 경향이 나타났다.

부자 마인드를 만드는 중요한 도구로 활용할 수 있다

부자들은 돈을 쓸 때도 훨씬 다양하고 합리적으로 생각한다. 돈에 대한 관점이 다르기 때문이다. 재래시장에 가서 물건을 구입할 때 이모조모 따져보며 백 원이라도 깎으려고 아등바등

흥정하는 사람이 정작 명품이나 고급 차를 구입할 때는 몇 백만, 몇 천만 원을 선뜻 내며 사는 경우가 얼마나 많은가? 그러나 부자들은 정작 재래시장에서는 꼼꼼함을 보이지 않다가 투자할 때나 가격이 높은 물건을 구입할 때는 요모조모 알아보고 가격 흥정도 더 집요하게 한다.

부자들은 정말로 따져야 할 때가 언제인지를 정확히 판단하고 있다. 그동안 쌓은 부자 마인드가 많은 시간을 거쳐 형성되었기 때문이다. 부자들은 쓸데없이 돈을 허비하거나 투자하지 않는다. 그래서 부자일지를 쓰는 것은 부자가 되기 위한 마인드 형성에 매우 중요하다.

자제력이 향상된다

속옷 제조업을 하는 박 사장(50세)은 산전수전 다 겪어본 말 그대로 베테랑 부자다. 지금이야 남부럽지 않은 생활을 하지만 과거에는 끼니조차 걱정하던 어려운 시절이 있었다. 그래서 그 시절을 생각하며 지금도 한 가지 꼭 실천하는 일이 있다. "번 것보다 덜 쓰자"는 것이다. 그런 실천이야말로 오늘의 그를 있게 해준 숨은 원동력이다.

박 사장은 이런 실천을 어떻게 계속 유지하고 관리할 수 있었을까? 답변은 의외로 간단명료했다. 바로 부자일지를 쓰는 것이었다.

"부자일지를 쓰면서 자신과 약속했던 것들을 잘 이행하는지 매일 점검하다 보니, 의미 없고 과도한 소비를 줄이는 자제력이 자연스레 키워지더구먼."

생각지도 못한 아이디어를 얻는다

부자일지를 쓰면 생각지도 못한 선물을 얻게 된다. 예전에는 생각도 못했던 아이디어가 떠오르는 경험을 할 것이다. 이런 아이디어들을 잘 활용할수록 부자로 가는 길이 더욱 가까워진다. '부자는 이미 만들어진 길을 가지 않는다. 부자가 가면 그것이 곧 길이 된다'라는 말이 있다. 다른 사람들이 갔던 길은 이미 새로운 길이 아니다. 하지만 새로운 길이라야 돈을 벌 수 있는 기회도 더욱 많다.

사립 대학교의 이 교수(53세)가 교수 생활에만 만족했다면 지금의 재산을 모을 수 없었을 것이다. 젊은 시절 몸이 워낙 약했던 그는 자신의 경험을 바탕으로 건강보조식품이라는 아이디어를 생각해냈고, 그것을 현실화해 직접 생산함으로써 상당한 자산을 축적할 수 있었다. 그는 직접 선진국들의 기업 경영과 경제 상황 변화와 흐름을 연구했다. 가까운 일본을 수시로 오가면서 관련 자료를 수집했고 제품 연구 활동을 반복했다. 그리고 그 결과, 한국 상황에 맞는 건강보조식품을 만들어냈다. 떠오르는 아이디어를 메모하는 것도 중요하지만 습관처럼 일지를 쓰는 것이 무엇보다 중요하다.

 부자일지 쓰기의 7가지 유익

- 부자로 나아가는 습관을 얻는다.
- 문제해결 수단인 시스템 사고를 하게 된다.
- '부자의 뇌'를 갖게 된다.
- 나무보다 숲을 보는 안목이 생긴다.
- 부자 마인드를 만드는 중요한 도구로 활용할 수 있다.
- 자제력이 향상된다.
- 생각지도 못한 아이디어를 얻는다.

부자일지 사례

성공과 부자의 격언	12월 달력	1월 달력
낡은 지도만 따라가면 신대륙을 볼 수 없다 콜롬보스		

오늘 신문 주요이슈		7가지 힘	
구분	**내 용**	**구분**	**내 용**
TOP STORY	북한 미사일 사건으로 4자 회담 추진 미국 기준금리가 0.25포인트 상승예정 가계부채가 1400조을 육박 재건축아파트 규제가 점점 심해	부자의 마인드를 가져라	일부자인 김사장과 점심식사로 최근 김 사장 관심사 듣기
		스스로를 이끌어라	부자일지를 통해 매일매일 부자습관 을 가지는 것
경제환경	실업률과 부도율이 증가 창업률이 떨어지고 취업하기가 어려움	한 푼의 돈을 소중하 게 생각하라	하루의 담배한 값과 무심히 먹는 커 피값을 절약 서점에서 관련 책 구입
주 식	미국 나스닥 2.3포인트 하락 삼성전자 내년 실적 증대	재테크 노하우를 익혀라	여유돈 투자를 위해 토지와 아파트 시 세를 인터넷으로 수시 확인을 주변에서 부자들을 멘토로 정하여 정기적 미팅
부동산	개정된 부동산 세법 파악 관심있는 경매물건 대법원에서 확인	현명하게 빚을 내라	소비성 자산을 구입하는데 비용 지출 보다는 투용자 자산 증가에 필요한 부 채 증가
금 리	한국 기준금리가 0.25포인트로 상승이 예상 주택자금대출 금리인상과 대출액 감축 예정	소비를 잡아라	큰 돈을 아끼는 거도 중요하지만 생활 속에 아낄 수 있는 통신비 등에서 지 혜를 찾음
환 율	원화절상으로 환율이 1100원대로 이하로 떨어짐 수출업체 비상으로 주가 하락 예상	소비를 잡아라	큰 돈을 아끼는 거도 중요하지만 생활 속에 아낄 수 있는 통신비 등에서 지 혜를 찾음
유 가	두바이의 가격이 급속도로 상승 70달러 거래	행복한 부자가 되어라	소년가장 돕기 50만원 기부와 김치 담 아 선물
채 권	최근 채권 수익률 증가 추세 주가 하락으로 상대적으로 증가		

오늘 해야 할일			일일수입과 지출내역				(단위:원)
주요 내용	**우선순위**	**중요성**	**수입**		**지출**		**증감**
			내용	**금액**	**내용**	**금액**	
경제신문 정독하기	1	1	전세금	50,000,000	사무실 비용	300,000	
부자일지 쓰기	1	2	정기예금이자	1500,000	대출이자	400,000	
아내생일 선물	2	3	빌려준 받음	2,000,000	생활비	1,000,000	51,800,000
아들에게 전화하기	2	4			불우이웃돕기	500,000	51,300,000
거래처 방문 김사장과 점심식사	3	5					
부동산 구입관계로 공인중개사 사무실 방문	4	6					

오늘 하루 정리	
잘한점	경제신문 정독한 후 오늘 경제중요 사항 파악 내 스스로 자신에게 자랑스러움을 느끼는 것 건강하게 잘 자라준 자녀들에게 감사함을 느낀 것
개선점	부자일지 쓰는데 매일 매일 쓰지 못지 못한점 예상보다 지출이 10만원이 더 많음 예전보다 더 많이 시간을 내일 해야 할일에 대한 고민

2장

부자는 긍정적인 태도와
사고가 만든다

부자설계 공식 2nd
ATTITUDE

대부분의 부자들은 자신이 부자가 될 가능성에 대해
확신해왔던 경우가 많았다.

돈보다 희망이 없는 것이
더 가난하다

일반적으로 인간 특성상 상황이 좋아지면 긍정적인 생각과 행동을 하게 되지만, 상황이 어렵고 부정적이라면 부정적으로 생각하는 경향이 있다. 그러면 돈 버는 일도 그러할까? 결론적으로는 그렇다. 마찬가지로 경제 예측도 이러한 경향에서 벗어나지 않는다.

겨울이 가면 봄이 온다는 것은 확실하게 예측할 수 있다. 하지만 인간사에서 미래를 예측한다는 것은 거의 불가능한 일인지도 모른다. 한마디로 신의 영역이라고 할 수 있다. 플라시보 효과(Placebo effect)란 실제로 전혀 효과가 없는 실험 처치를 피험자에게 마치 효과가 있는 것처럼 허위로 인식시켰을 때 나타나는 것이다. 위약효과라고도 하며, 아무 효과가 없는 약을 마치 두통에 뛰어난 효과가 있는 것처럼 환자에게 속여 투약했을 때 실제로 환자의 두통이 낫는 경우를 예로 들 수 있다. 연구자들은 이 위약효과 실험을 통해 피험자들이 실험 상황에 노출되었을 때 생길 수 있는 심리적 반응, 특히 피험자의 기대나 피암시성 등의 효과를 분리해 낼 수 있게 된다. 반대 현상으로 노시보 효과(Nocebo effect)가 있는데, 이것은 본인이 믿지 않으면 약을 먹는다 해도 잘 낫지 않는 현상을 말한다.

부자가 될 가능성에 대하여 스스로에게 물어보도록 했을 때 사람들은 자신이 부자가 되기 어렵다고 생각하는 경우가 대부분이다. 그러나 부자들은 다르다. 자신이 부자가 될 가능성에 대해 확신해왔던 경우가 많았다. 다시 말해 마음먹기에 달려 있다는 것이다. 'YES'와 'NO'는 우리가 마음먹기에 따라 바뀌게 될 것이다.

버락 오바마 전 미국 대통령, 최고의 토크쇼 진행자 오프라 윈프리, 현대그룹 창업자 고(故) 정주영 회장, 2007년 《포춘》 선정 최고의 CEO 고 스티브 잡스, 컴퓨터 백신의 대명사 안철수, 빙상의 여왕 김연아, 골프 천재 박인비 등 그들은 모두 평범했지만 비범한 결과를 보여준 사람들이다. 99%의 부정적인 생각을 버리고 1%의 희망에 모든 것을 걸었던 사람들이다. "나는 된다. 나는 할 수 있다. 나는 운이 좋다"라고 끊임없이 자신에게 주문을 걸었다. 자신의 뇌에 숨어 있는 단 1%의 부정적 생각조차도 머무를 공간을 주지 않으려고 했기에 성공할 수 있었다. 베스트셀러 『시크릿』이 들려주는 부와 성공의 비밀에서 성공의 조건으로 줄기차게 주장하는 것은 바로 '끌어당김의 법칙'이다. '꿈은 생각대로 이루어진다'는 것이다.

성공한 사람들은 이구동성으로 "스승은 학생이 준비되었을 때 나타난다"고 말한다. 노벨 경제학상 수상자인 밀턴 프리드먼 (Milton Friedman)은 실증 분석으로 유명하지만 6개월을 넘는 경제 예측은 하지 않는다고 말한다. 1년, 3년, 10년 후의 경제를 예측한다는 것은 매우 어렵다는 뜻이다. 그만큼 미래를 예측한다는 것은 어려운 일이다.

공자에게 한 제자가 "점이 정말로 잘 맞습니까?"라고 물었다. 공자는 7할은 맞는다고 답했다. 고금의 점을 치는 데 있어서 공통적인 확률이 70%다. 대개 사주를 봐도 70%는 맞는다. 그래서 운칠기삼(運七技三), 즉 운명이 7할이고 노력이 3할이라고 말한다. 운명은 결국 내가 개척해 나가야 하는 것이다. 7할의 가능성도 노력하면 10할의 성공이 된다.

오늘부터 나 스스로에게 '나는 부자가 될 가능성이 매우 높다'라고 긍정적인 선택이라는 주문을 걸어보라. 우리는 분명 미

래를 예측할 수 없다. 하지만 스스로 희망을 선택하려고 결심
한다면 7할의 운명을 넘어 부와 성공의 확률이 나에게 열리게
될 것이다.

긍정의 힘이
시장을 이기게 한다

:

고대 이스라엘의 다윗 왕이 솔로몬 왕자에게 전쟁 승리에 고취되었을 때 자만심을 자제하고 절망에 빠졌을 때 용기를 주는 글귀를 부탁했다. 이에 솔로몬은 다음과 같은 글귀를 일러주었다.

이 또한 지나가리라(Soon it shall also come to pass).

필자는 항상 희망을 선택한다. 사람을 만날 때에도, 책에서도, 부자들이나 가난한 사람들을 만날 때에도, 혹 상을 당했거나 몸이 아픈 사람들을 만날 때에도 언제나 희망을 이야기한다. 왜냐하면 사람들은 아프거나 힘들면 쉬기도 하고 약도 먹고 그런 상황을 극복하기 위해 노력한다. 즉 긍정적인 활동이 자연스럽게 이루어진다. 자신의 경험을 통해 생각해 보면 충분히 이해가 될 것이다.

우리는 왜 행복보다 불행을 더 쉽게 느낄까? 사람마다 인생에 대한 기대치가 달라서 모두가 함께 행복을 느끼기는 어렵다. 또 왜 사람들은 불안, 두려움, 불행에 쉽게 공감할까? 생존의 위협을 당하면 누구나 부정적인 감정을 느낄 수 있다.

금융 위기로 인해 금방이라도 세상이 끝날 것만 같고, 부동산 폭락론으로 공포와 불안감이 번지고 있다. 그렇다고 해서 마냥 낙관할 수 없지만 반대로 일어나지 않은 일에 대해 증거 없는 불안도 느낄 필요가 없다. 필요 이상의 과장된 기사, 전문가들의 코멘트들이 사회 불안을 조장시키고 있어서 마음 둘 곳 없는 세상이 되어가고 있다. 누구도 해결책을 줄 수 없다. 다만 이런 상황을 극복하기 위해서 필요한 세 가지가 있다.

첫째, 자기 자신을 신뢰하는 것이다. 즉 자기애(自己愛)가 필요하다. 현재 상황을 인정하고 수용해야 한다. 영화 「굿 윌 헌팅」에서 대학 청소부 청년이 난생 처음 자신을 이해해 주는 어른을 만나면서 수학 천재인 자신을 깨닫게 되는 과정을 보여준다. 한때 마약에 손을 대기도 했던 미국의 버락 오바마 전 대통령은 어머니와 외조부모의 전폭적인 지지와 응원 덕분에 오늘이 있었다고 말하기도 했다. 잘 아는 사람으로부터의 믿음과 수용처럼 자신을 믿게 하는 방법은 없다. 불안한 상황을 안심시킬 수 있는 사람은 바로 자신이다. 자신에 대한 믿음과 낙관주의가 필요하다. 그래서 자기 자신을 위로하려면 감정을 적절히 다스려야 하고, 스스로가 위태롭다고 느껴질 때 '난 날 사랑해, 난 날 믿어'라고 의도적으로 주문을 걸어보는 것이다. 낙관의 힘이 실패와 위기를 극복하게 만든다. 세상이 망할 것이라고 믿는 사람들에게 불행은 깊을 수밖에 없다. 자신을 믿고 실패를 견딜 수 있는 힘을 키우면 세상이 희망과 즐거움으로 가득차게 될 것이다.

둘째, 군중심리에 휩쓸릴 필요가 없다. 사람들에게 위기 상황이 닥쳤을 때 어떻게 행동하는지 보기 위해 모 방송사에서 연기 실험을 했다. 네 사람이 방에 있는데 연기가 들어오자 어쩔 줄 몰라 하다가 한 사람이 밖으로 뛰어나가자 나머지 사람들도 그를 뒤따랐다. 식당에서 기부함에 돈이 넣어져 있는 것을 보면 다른 사람들도 따라서 기부를 하게 된다. 건널목 앞에서 한 사람이 하늘을 보고 있을 때에는 지나가던 사람들이 관심을 보이지 않다가 세 명이 모여서 하늘을 보고 있으면 지나가던 사람들이 동시에 하늘을 보고 무슨 일이 일어났는지 궁금해서 웅성거리게 된다. 사람들은 분명한 판단이 서지 않을 때 주변 사람들과 상황에 의해 영향을 받게 된다. 즉 사람들은 군중행동(herd behavior)을 추구하는 동물이며, 제한적인 합리성(bounded rationality)을 가진 동물이다. "우리가 두려워할 것은 두려움 그 자체뿐"이라는 대공황 시절 프랭클린 루스벨트의 말이 새삼 떠오른다.

셋째, 낙관주의자들의 코멘트에 주목하자. 세계적인 투자의 귀재인 워런 버핏이 금융 위기와 경기 침체기였던 2008년 「뉴욕타임즈」 기고문에서 한 말이 역동적인 한국 시장의 상황에서는 가장 맞는 말일 것이다.

신문에서는 온갖 부정적이고 나쁜 소식만 나오고 모든 사람들이 공포에 사로잡혀 있는 지금이 장기 투자자에게 있어서 더할 나위 없는 투자 적기이다. (중략) 다른 투자자자들이 탐욕을 부릴 때는 두려워하고 그들이 두려워할 때는 탐욕을 부려라.

세계 최고의 부자이면서 대표적인 낙관론자인 워런 버핏은 미국의 금융 위기가 최고조로 달해 있던 2008년 10월 중순에 모든 투자자들이 기피하는 금융회사 투자를 포함해 수백억 원에 달하는 돈을 주식을 사들이는 데 사용했다. 그 후 한 달이 지나지 않은 시점에서 미국 주식시장은 워런 버핏이 이번에도 틀리지 않았음을 증명하는 사인들을 전 세계에 내보냈다. 이후 전 세계에서 금리 인하와 경기부양책들이 동시다발로 쏟아지는 등 시장 회복을 위해 노력하고 부실 기업과 금융기관 정리를 통해 금융 위기를 극복하려는 모습들을 보여줬다.

플라스틱이 고체에서 액체로 바뀌는 시점을 보통 변곡점이라고 말한다. 일정한 온도가 되어야 비로소 플라스틱으로 변한다는 것이다. 그 예로 미국의 금광산에서 금을 캐기 위해 산을 계속해서 수백 미터나 어렵게 뚫고 들어갔으나 아무리 파도 금이 나오지 않자 금을 캐는 사람들이 그 산을 헐값에 팔고 떠나버렸다. 그 후 산을 산 사람은 적어도 금광석이 얼마쯤은 있을 것이라고 믿는 낙관론자였다. 그가 불과 몇 미터 정도 더 파고 들어가자 금광석이 한꺼번에 쏟아져 나왔다. 매수자는 헐값에 매수하여 최소한의 수고로 막대한 수익을 남긴 것이다. 이런 교훈들을 잘 생각해 보면 요즘 한국의 주식시장과 부동산시장에서 침체를 벗어나 상승의 해법을 찾을 수 있을 것이다.

문제는 각종 통계나 예측보다는 신뢰이다. 작금의 경제 위기로 인해 비관론자들의 날 선 예측에 힘이 실려 있다. 하지만 미래는 항상 긍정적으로 생각하고 위기를 극복한 낙관론자들의 승리였다는 역사적 교훈을 되새겨 보자. 낙관의 힘을 통해 우리가 배울 수 있는 교훈은 간단명료하다. 바로 시장을 보는 비관적인 시각을 배격하고 위기와 기회는 항상 동반한다는 낙관론의 힘을 믿는 것이다. '대한민국에서 안 되는 게 어디 있어? 내게 안 되는 게 있어?' 이런 마음을 갖는다면 절반은 이미 성공한 것이다.

기다리지 마라. 일을 하기에 적합한 때가 따로 있는 것은 아니다.

— 나폴레온 힐

10% Rule
부자십(富者ship)을 키워라

....

내가 왜 부자가 되고 싶은가? 어느 방향으로 나아갈 것인가? 그리고 부자가 되기 위해 무엇을 신념으로 삼을 것인가에 대하여 확실히 정리해야 할 것이다. 이것을 다른 말로 하면 부자의 리더십이다. 부자의 가치를 중심으로 부자가 되려는 노력을 해야 한다는 것이다. 이는 많은 부자들을 만나면 자연스럽게 느낄 수 있는 지혜임을 깨닫게 될 것이다.

부자가 되기 위해서는 최소한 내가 왜 부자가 되고 싶은지에 대한 자기와의 대화가 필요하다. 즉 미션에 대하여 충분히 고민해 보아야 한다. 미션이 정리되면 다음에는 방향성, 즉 비전의 존재 여부가 매우 중요하다. 그리고 비전을 이루기 위해서는 '부자의 꿈'이라는 핵심 가치가 전제되어야 한다. 이는 속도에 해당된다.

부자가 되기 위해서는 재테크를 시스템화해서 일상에서 부의 선순환 구조를 정착시키면 된다. 정보를 바탕으로 돈이 되는 곳을 찾아 옮겨 다니기보다 생활 속에서 자연스럽게 부가 만들어지는 자동화 시스템을 구축해야 한다는 말이다. 일단 이런 재테크 시스템이 생활로 정착되면 이 시스템은 마치 에스컬레이터처럼 당신을 자동으로 부자의 문에 이르게 해준다.

꾸준히 재테크 습관을 기르기 위한 황금 법칙으로 '10% 룰'이라는 게 있다. 최소한 수입의 10%를 투자하는 법칙이다. 이것은 해가 지나 자신의 수입이 늘어날수록 투자 금액도 따라 늘어나는 방식이다. 만일 당신이 26세에 취업한 이후 소득 중 10%만 꾸준히 투자한다고 가정해 보자. 예컨대 20대에는 월 253,000원, 30대 초반에는 조금 늘려 월 282,000원, 30대 후반에는 월 292,000원을 꾸준히 수익률 11%의 적립식 펀드(11%는 적립식 투자를 전제했을 경우 지난 25년간 주식시장의 연평균 수익률이다) 등에 투자한다고 치자. 이 경우 당신이 퇴직하는 56세에는 당신의 금융자산 잔고가 7억 7,600만 원으로 불어나 있을 것이다. 이것은 우리나라 평균 직장인의 현재 소득을 기준으로 할 때 그렇다는 얘기다. 미래의 소득 수준이 경제 성장률만큼만 늘어나도 실제 손에 쥐는 액수는 더욱 커진다.

이제 대한민국의 일반인이라면 일상에서 10%룰만 지켜도 누구나 부자가 될 수 있다는 사실을 믿고 일상에서 이를 실천해야 한다. 부자 시스템의 10%룰은 핵심 가치, 즉 바로 부자의 꿈을 실현시켜 주는 마술이다.

부자를
학습하라

∴

　유대인은 전 세계 인구의 0.2%에 불과하지만 노벨경제학상 수상자의 42%, 전 세계 억만장자의 30%를 차지하고 있다. 그 비결은 무엇일까? 그것은 바로 대를 이은 부에 대한 학습에 있다.

　1990년대 후반 갑작스러운 IMF 사태는 정부나 기업, 개인에게 부의 중요성과 증식 못지않게 부를 삶의 목적에 맞게 효율적으로 관리하는 데 관심을 갖게 만들었다. 이는 환경 변화의 큰 계기가 되었다. 더욱이 한국 사회의 고령화가 세계에서도 유례를 찾아볼 수 없을 정도로 빠르게 진행되고 있다. 평균 수명과 연령 증가는 노인 인구의 증가를 수반한다. 이는 직장생활 내지는 사업 활동기에 벌어 돈을 퇴직 후나 사업을 하지 않는 시기에 소비하는 기간이 점점 더 길어진다는 의미로 해석할 수 있다. 즉 노령화사회가 급속히 진전되고 조기 은퇴가 일반화되면서 기존에 벌어둔 부를 퇴직 이후에 소비해야 된다는 이야기다. 그러나 과연 준비를 잘하고 있는지, 노인 시절에 사용해야 할 충분한 돈이 준비되었는지는 부자를 제외하고 그 어느 누구도 자신 있게 말할 수 없을 것이다.

캄캄한 밤에 길을 잃어 당황해 본 적이 있는가? 돈 문제로 삶의 이유마저 부정해 본 적이 있는가? 현재 하는 일을 남보다 더 열심히 한 것 같으나 어제에 비해 오늘이 크게 변한 것이 없는가? 당신이 지금 하는 일에 지쳤거나 충분한 돈을 벌지 못하였다면 이제는 돈을 버는 공식을 바꿀 때가 되었다. 돈이 움직이는 방식과 부자의 특성에 대하여 많은 것을 배울 때가 되었다.

어린 시절 우리 부모님들이 했던 말을 우리들 역시 아이들에게 하고 있다는 생각이 든다. 공부 열심히 해서 훌륭한 사람이 되어라. 공부만 열심히 하면 미래가 보장되는가? 훌륭한 사람이 되면 부자가 되는가? 더 이상 좋은 학교나 좋은 성적이 성공을 보장해 주지 않는다는 사실을 우리들은 잘 알고 있다.

변호사, 회계사, 박사, 고위 공무원 등 공부를 잘한 사람들이 반드시 부자가 되는 것도 아니다. 그리고 돈을 만지는 일을 직업으로 하는 은행원, 증권사 직원, 부동산 종사자 등도 마찬가지로 모두 부자는 아니다. 필자 역시 마찬가지다. 많은 시행착오와 어려움을 겪었으며, 직업상 돈과 관계되는 일을 직간접적으로 경험하고 있다. 학벌과 사회적 지위 그리고 인격이 높은 사람들이 돈 문제로 어려움을 겪고, 자신이 그동안 애써 가꿔온 현재의 위치를 돈 때문에 포기하고 눈물을 흘리는 모습을 종종 보게 된다. 그럴 때마다 그동안 학교에서 배운 것은 직업을 유지하기 위해서 필요했지만 부자가 되기 위해서는 그다지 필요하지 않음을 뒤늦게 인식하게 된다. 조직도 예외 없이 마찬가지다. 국내외 은행과 기업들이 파산되고 최고의 기업들이 흔들리는 모습을 보면서 조직의 부(富)의 원천이 무엇이고 적절한 부의 관리의 중요성이 새삼 떠오르게 된다.

부자가 되기 위해서는 부자의 특성, 그리고 금융 IQ가 절대적이다. 하지만 우리나라 학교 교육 어디를 찾아보아도 실제적으로 교육하는 것을 볼 수 없다. 고작 아주 원론적이고 이론적이며 이해하기 힘든 경제학을 가르치고 있다. 게다가 이를 현실적으로 적용하거나 실천하기에는 너무나 비현실적이다.

그래서 늦게나마 2002년부터 부자들에 대한 공부를 시작했다. "부자들은 누구인가?" "부자들이 중요하게 생각하는 것은 무엇인가?" "부자들은 돈 관리를 어떻게 하나?" 등 지금까지 우리 사회에서 한 번도 연구된 적이 없던 주제를 놓고 고민하게 되었다. 부자들에 대한 체계적인 접근으로 그들의 특성을 연구하게 되었고, 부자가 되기 위해서는 나름대로 방식이 있다는 것을 발견했다. 아울러 부자가 되기 위해서는 금융 IQ의 향상이 필요하다는 나름대로의 결론을 갖게 되었다. 또한 '인간 모두는 왜 부자가 되고 싶을까'에 대해서도 많은 고민을 하고 자문도 구했다. 부(富)를 영어로 'Wealth'라고 표현하는데, 그것은 '또 다른 자유'을 의미한다. 그렇다. 선택의 자유, 시간의 자유, 신분의 자유 그리고 정신적 자유의 범위를 넓힐 수 있기 때문이라는 데에서 그 해답을 찾아볼 수 있다. 조금은 진부하게 들릴지 모르지만 "부자는 태어나는 것이 아니라 만들어진다 (made, not born)"라는 말은 부자도 결국 노력에 의해 가능하다는 이야기다. 이 말은 우리 현실에서 더욱 교육의 중요성을 내포하고 있다.

오늘부터 가정에서 먼저 부를 학습하고 실천하고 또 체질화해야 한다. 사실 부자들은 대부분 가정에서부터 학습이 이루어졌기 때문이다.

실패하지 않는
부자는 없다

.
.
.
.
.

패배가 찾아 왔을 때, 가장 쉽게 취할 수 있는 조치는 '포기'다. 그것이 바로 대다수의 사람들이 평범한 사람으로 남는 이유다.

- 나폴레온 힐

누구도 계단을 밟지 않고 정상으로 가는 사람은 없다. 성공도 부자가 되는 것도 마찬가지다. 지방의 중견 건설회사를 운영하는 김 사장(53세)은 100억 원 이상의 자산가다. 그런 그도 40대에 한창 잘 나가다가 하던 사업이 부도로 완전히 거덜 난 경험을 가지고 있다. 그때는 죽기보다 힘들었다. 가진 돈도 없었을 뿐만 아니라 가장 힘든 것은 희망이 보이지 않는 몇 년을 보내야 했다는 사실이다. 하지만 그는 포기하지 않고 다시 건설업에 도전했고, 지금은 군 단위 지방 소도시에서 아파트 분양 사업으로 차별화해 부자가 된 경우다. 그런 김 사장의 오늘이 있기까지 사업 실패가 성공의 발판이 되었다고 한다. 좀 더 세밀한 원가 계산과 분양 전망, 인력 관리, 보수적인 자금 관리 등은 실패를 통해 얻게 된 소중한 경영 노하우였다. 실패는 성공의 어머니라는 말처럼 성공을 예감하는 실패를 통해 한 단계 업그레이드 하는 시간이었다고 한다.

일본 소프트뱅크 손 마사요시 회장은 우리에게는 손정의로 익숙한 불세출의 기업인이다. 알리바바의 뉴욕 증시 입성으로 세계가 요동칠 때였다. 뉴욕 증시에서 첫 거래된 IT기업 알리바바의 주가는 36% 가량 오르면서 시가총액은 2,169억 2,000만 달러를 기록했다. 예상된 대박이었다. 알리바바는 시가총액이 미국 증시에 상장된 IT기업 가운데 애플, 구글, 마이크로소프트에 이어 네 번째로 큰 기업이 되었다. 창업주 마윈(馬雲) 회장은 단숨에 중국 1위의 부호가 되었다. 알리바바의 '매직'에 감탄하던 세계는 한 인물을 주목했다. 물론 영어교사로 출발해 자신의 아파트에서 기적을 써내려간 마윈 회장도 화제의 중심이었지만, 2004년 당시 마윈 회장과 단 6분의 면담을 마치고 2,000만 달러를 알리바바에 투자해 14년 만에 2,500배가 넘는 수익률을 거둔 강심장 손정의에게 감탄하고 있었다.

하지만 승승장구하던 그에게도 시련이 찾아왔다. 2001년부터 세계 IT사업의 불경기가 시작되면서 소프트뱅크와 손정의는 추락하기 시작했다. 일본 소프트뱅크그룹은 2001년 약 9,000억 원의 평가손실을 기록하면서 흔들렸으며, 야심차게 설립했던 나스닥재팬(Nasdaqs Japan)도 2002년 말 문을 닫았다. 심지어 2003년에는 소프트뱅크의 주가가 94% 폭락하면서 손정의는 《포브스》지가 선정한 "역사상 가장 많은 재산을 잃은 부호"에 이름을 올리기도 했다.

실패나 실수는 창조의 원천이다. 이를 다독이는 주옥 같은 고사성어에서 선조들의 지혜를 엿볼 수 있다.

늦게 피는 꽃은 있어도 피지 않는 꽃은 없다. 한 번도 실패를 해보지 않는 사람은 한 번도 새로운 것을 시도한 적이 없는 사람이다.

        - 아인슈타인

중국의 보이차도 매운 맛을 내는 생차를 몇 번씩 우려내야 비로소 깊은 맛이 난다. 모든 식물은 꽃이 져야 열매를 맺을 수 있다. 장미는 날이 추울수록 더 진한 향기를 내뿜는다. 어시장에서 막 잡은 생선을 차디찬 바닥에 내려놓자마자 퍼덕거린다. 살기 위해서 바닥을 쳐야 힘이 생긴다. 바이올린 울림통의 재료로는 전나무가 많이 쓰인다. 그런데 전나무는 환경이 어려우면 유난히 화려하고 풍성한 꽃을 피운다. 이런 고난을 겪은 뒤 나무의 속이 더욱 단단해지는 것이다. 생명을 위협하는 처절한 환경에서 좌절하지 않고 온 힘으로 꽃을 피우는 존재이기에 사람들에게 깊은 울림을 전할 수 있는 것이다. 진주는 귀한 보석이다. 왜냐하면 아픔을 참고 견딘 어느 조개의 오랜 인내 속에서 만들어진 보석이기 때문이다. 보석과 숯은 생성 과정이 비슷하고 성분 또한 동일하게 탄소로 이루어져 있다. 하지만 숯은 속이 비어 있고 아주 짧은 기간에 제조된 반면, 보석은 엄청난 고열과 압력 속에서 오랜 세월을 견뎌야 비로소 그 빛을 발한다.

성공한 인생에서 감동을 보여주는 사람 치고 고난을 겪지 않은 사람이 없다. 사람 역시 고난을 겪어야 내면이 단단해진다. 그런 사람만이 세상에 깊은 울림을 줄 수 있다. 위대한 성인 치고 평안하고 순탄한 삶을 산 사람이 한 명이라도 있는가? 맹자의 "고자장(告子章)"에서는 다음과 같이 이야기하고 있다.

하늘이 장차 그 사람에게 위대한 일을 맡기려고 하면 반드시 우선 그 마음과 뜻을 힘들게 하고, 몸을 괴롭히고, 굶주

리게 하고, 생활은 빈곤에 봉착하게 하고, 하는 일마다 실패하게 만든다. 그 이유는 심신을 힘들게 하여 지금까지 할 수 없었던 일을 잘할 수 있게 하기 위함이다.

죽기 살기로 해도 좋은 결과가 나오지 않을 수 있다. 그래도 절망해서는 안 된다. 열심히 해봤자 뻔한 결과라는 식으로 미리 포기하거나 좌절할 필요가 없다. 세상을 사는 것이나 돈을 벌거나 일을 하는 것에서 중요한 것은 실패를 바라보는 태도이지, 도전에 대한 실수나 실패 그 자체가 아니다. 실패는 성공하기 아직 이른 때라고 생각하면 된다. '실패하면 다시 도전하면 되고, 오늘 안 되면 내일 다시 하면 된다'라는 좀 더 편안한 마음을 가지는 것이 좋다. 마치 어시장에서 살기 위해 퍼덕거리는 생선처럼 내 인생에서 바닥을 쳐야만 사는 것이다. 불굴의 정신은 바로 거기에서 생겨난다. 잔잔한 파도는 노련한 사공을 만들지 못한다.

오늘 자신이 생각하는 것보다 세상살이가 잘 안 된다고 좌절할 필요가 없다. 성공하지 못했다고, 돈이 없다고 낙담할 필요도 없다. 지금 성공하지 못했고 돈이 없다는 것은 내일의 성공을 예감하기 때문이다. 부자의 역경지수야 말로 최고의 자산이다.

생각을 바꾸면
돈이 보인다

최고로 완벽한 골퍼는 어떤 모습일까? 미국 골프 전문채널 ESPN에서 9가지 항목에 대해 남녀 최고의 골퍼를 선정했다. 최고의 파워는 평균 315야드를 드라이브 샷을 날리는 부바 왓슨(Bubba Watson), 정확도는 짐 퓨릭(Jim Furyk), 승부욕은 비제이 싱(Vijay Singh), 경기 집중력은 카밀로 비예가스(Camilo Villegas Restrepo)로 선정되었다. 그러나 뜻밖에도 골프 황제 타이거 우즈(Tiger Woods)는 보이지 않았다. 우즈는 딱 한 항목, 정신력에서 1위를 했다. 그것은 골프에서 정신력이 매우 중요하다는 것을 보여주는 대목이다. 부자도 마찬가지다. 부자가 되기 위해서는 돈도 중요하지만 생각에서 부자가 결정된다고 확언할 수 있다.

젊은 부자들은 공통적으로 처음에는 수천만 원의 종잣돈으로 시작했다. 반드시 돈이 많아야만 부자가 되는 것은 아니다. 중요한 것은 생각에 있다. 부자의 기준이 단 몇 년 만에 10억 원에서 30억 원으로 급상승한 것은 2006년 가을 부동산 폭등과 주식 등 자산 가격이 크게 올라가면서 소득 증가가 이뤄진 것이 주요 원인이다. 과거보다 풍부해진 유동성 덕분에 돈을 쥔 사람들이 주식과 부동산에서 수익을 올리면서 부자의 기준도 올라갔다. 과거에는 5억 원 정도의 자산만 가지고 있어도 부자로 여기는 시기가 있었다. 하지만 최근 서울의 아파트 매매 평균 가격이 6억 원을 육박하면서 그만큼 돈의 가치가 떨어졌기 때문에 부자의 기준도 바뀌고 있다. 또 부자의 기준에 대한 가이드라인이 향상되고 있으며, 때문에 30억 원이라는 기준은 언제든지 올라갈 수 있다.

부자가 아닌 사람들의 입장에서 생각하면 부럽기도 하지만 한편으로는 생각만 해도 허전할 수 있다. 남들보다 더 열심히 모으고 살았다고 자부하지만 결과가 아닐 때 배신감마저 가지게 된다. 나도 부모를 잘 만났으면 지금보다 더 좋은 상황이었겠지! 부자가 아닌 사람들을 만날 때 자주 듣는 이야기다. 과연 부모를 잘 만나야 부자가 되는 것일까?

최근 젊은 부자 이야기가 시중에서 회자될 때 이에 대해 반론을 제기한 사람이 있다. 소규모 제조업을 운영하고 있는 30억 원대 자산가 박 사장(39세)은 부모로부터 별다른 자산을 물려받지 않았다. 자본이 없어서 처음에는 어려웠지만 사업을 시작한 지 10년이 지난 지금 안정적인 수입을 가진 젊은 부자가 되었다. 박 사장은 자수성가형인 과거 부자와 달리 틈새시장을 찾아 아이디어와 정보를 가지고 부자가 된 젊은 부자다. 20대 후반에 학습 프로그램을 개발하여 운영하다가 입소문을 타고 그 인기가 더해지자 대형 교육 전문업체에게 프로그램을 팔고 현재 소규모 중소기업을 운영 중이다. 흥미로운 사실은 그 역시 많은 젊은 부자들처럼 현재 수십억을 소유한 자산가이지만 "부를 이루는 데에는 수천만 원의 종잣돈으로 출발했다"고 말한다. 다시 말해 젊은 부자들처럼 저축을 통해 수천만 원을 모으고, 이를 종잣돈으로 삼아 뛰어난 투자처를 물색했다는 공통점을 가지고 있다.

박 사장은 재테크 면에서 기존 부자들보다 적극적이고 치밀하다는 평가를 받는다. 특정 자산에 국한된 기존 부자들과 달리 부동산과 주식, 예금, 사업 확장 등 다양한 장르를 오가면서 투자를 하고 있다. 젊은 부자들은 투자에 대한 정보가 빠르며, 실물시장에 대한 상황을 정확히 판단하고 과감하게 투자하는 편이다. 그래서 어느 정도의 위험을 감수하더라도 투자하는 속성이 강하고 부동산 투자에도 매우 적극적인 모습을 띤다. 돈이 될 만한 지역을 수차례 발품을 팔면서 돌아본 후 투자한다. 부자가 된다는 것은 돈의 크기가 아니라 생각의 크기가 결정한다는 것을 입증한 셈이다. 마인드만 바꾼다면 돈이 보인다는 그의 지론은 많은 사람들이 두려워하는 지금을 가장 투자 적기이며, 부자 마인드가 돈을 끌어당기는 원동력이라는 것이다.

낡은 지도로는
신대륙을 볼 수 없다

⋮

"낡은 지도로는 신대륙을 볼 수 없다"는 말은 콜럼버스가 신대륙을 개척할 때 했던 말이다. 부자로 산다는 것이 그저 운 좋게 되는 일이 아니라는 것을 모두가 잘 알고 있다. 높은 급여를 받고 사업을 해서 돈을 많이 벌었지만 여전히 부자가 되지 못했다면 현재 자신에게 부자 시스템이 제대로 작동하지 않는다는 반증이다. 그렇다면 과감하게 지금의 시스템을 버리고 새로운 시스템을 가져야 한다. 수시로 자신을 리모델링해야 한다.

연일 주가는 신고점을 갱신하고 세상은 변화하고 있다. 요즘 대한민국은 '인구절벽' '은퇴절벽' '소득절벽'의 소위 3절벽 시대를 살고 있다. 전체 인구 중 고령 인구의 비율이 7% 이상인 '고령화사회'로 진입한 후 14% 이상인 '고령사회'로 들어서는 기간을 살펴보자. 프랑스가 115년 걸린 것을 비롯해 영국(92년), 독일과 이탈리아(80년), 미국(72년) 등 모두 반세기 이상의 시간이 소요됐다. 반면 2000년에 고령화사회로 진입한 한국은 2018년에 고령사회로 진입할 것으로 예상된다.

이로 인해 은퇴가 빨라졌다. '은퇴절벽'이 본격적으로 시작되었다. 한국경영자총협회의 조사에 따르면 2014년 대한민국 평균 퇴직 연령은 52.5세다. 법률로 정한 정년(60세)보다 7년 이상 빠르다. 사오정(45세 넘으면 정리해고 대상)이란 말이 나온 지도 오래되었다. 은퇴가 '소득절벽'으로 이어져 은퇴자금 부족이 발생할 수밖에 없는 상황에 내몰리게 되었다. 퇴직 후 30년 동안 생활비는 어떻게 준비할까? 2014년 기준 노후 준비 '3종 세트'라 불리는 국민연금(국가), 퇴직연금(기업), 개인연금(개인)을 모두 갖춘 베이비부머는 11.8%에 불과하다. 그 비율도 해가 갈수록 떨어지고 있다.

우리나라 자영업자의 수는 2017년 현재 570만 명이다. OECD 국가 평균의 두 배가 넘는다고 한다. 명예퇴직이나 청년세대 실업으로 그 수가 증가하고 있는데, 창업한 자영업자의 23% 정도가 요식업이다. 하루에 3천 개 점포가 창업하지만 2천 개가 폐업하는 실정이다.

현대경제연구원의 조사에 따르면 국내 창업 기업 10곳 중 6

곳이 3년 안에 문을 닫는다고 한다. 수시로 가게 간판이 바뀌는 것은 우리들에게 익숙한 모습이 된 지 오래다. 손쉽게 프랜차이즈 아이템으로 창업을 했으나 준비되지 않아 단기간에 시작했다가 접는 경우가 다반사다. 치킨집이나 식당으로 대표되는 자영업 시장이 은퇴자들의 무덤이 된 지 오래지만, 여전히 이곳은 사람들로 붐빈다. 이 시장이 어렵다는 것을 몰라서가 아니다. 선택의 여지가 없기 때문이다. 적신호가 켜진 지도 오래되었다. 하지만 경험해 본 적 없는 새로운 분야에 온 가족이 뛰어들어 그 영역에서 이미 뿌리를 내린 기존 업체들과 경쟁해 자기 발판을 확보한다는 건 쉬운 일이 아니다.

백 사장(58세)은 가진 것 없이 건축업을 시작하여 지금은 부동산과 현금 자산에서 상당한 부를 일궈낸 전형적인 자수성가형 부자다. 성공한 사람들의 특징 중 하나이기도 하다. 그는 매주 금요일 자신의 사무실에서 한 주의 일들을 정리하고 조직화해 놓는다. 월요일에 산뜻한 기분으로 바로 일을 시작할 수 있도록 하기 위해서다. 정리가 안 된 채로 시간을 보내지는 않는다. 그리고 월말에는 한 달이 잘 정리되었는지 돌아보는 시간을 갖는다. 자신의 정한 목표를 향해 제대로 가고 있는지 상시 점검하는 것이다. 그가 과거 무일푼일 때 함께 일했던 사장은 특별하게 영리하거나 뛰어나지 않았다고 한다. 그런데도 부자가 되어 있는 것을 보면서 과연 어떤 특별함이 부자로 만들었는지를 살펴보게 되었고, 백 사장 자신도 변화와 혁신을 통해 담금질한다고 말한다.

독자들도 현재 자신이 부자라고 해서 과신할 필요가 없고 부자가 아니라도 해서 낙심할 필요도 없다. 기회는 누구에게나 평등하다. 다만 이 기회를 기회로 만들 수 있도록 자신을 객관적으로 보고 늘 깨어 있어야 한다. 새로운 지도를 통해 자신이 꿈꿔온 부자의 세계로 한 걸음씩 다가가야 한다.

실패와 성공의 경험이 축적되어야
부자가 된다

『축적의 시간』은 서울공대 26명의 석학들이 던지는 한국 산업의 미래를 위한 제언을 담은 책이다. 각 분야 전문가들과의 집중적인 인터뷰를 통해 오늘날 한국의 산업 전체가 당면하고 있는 공통적인 문제의 원인을 균형 있게 파악하고, 처방 또한 특정한 영역의 문제해결을 넘어 산업 전반의 경쟁력을 높일 수 있는 국가적 차원의 키워드를 제시하고자 했다.

이 책에서 많은 전문가들이 공통으로 지적하는 현상은 창의적이고 근본적으로 새로운 개념을 제시할 수 있는 역량, 즉 '개념 설계' 역량이 부족하다는 점이다. 이는 오랜 기간의 시행착오를 전제로 도전과 실패를 거듭하면서 축적하지 않고서는 얻을 수 없는 창조적 역량이다. 이에 '축적'이라는 키워드를 가장 중요한 개념으로 제시하고, 이러한 공통 키워드 추출의 결과를 중심으로 우리 사회 전체가 얻을 수 있는 유용한 통찰을 정리했다. 또한 유사한 산업 분야별로 개별 인터뷰의 내용을 자세히 소개했다.

성공한 사람들이나 부자들도 마찬가지다. 삼성그룹 이건희회장과 이재용 부회장의 경우에는 이미 성공한 시스템과 부를 물려받은 경우다. 하지만 그렇지 않은 많은 평범함 사람들은 자신이 스스로 성공 시스템을 만들어 나가야 하는 운명을 가지고 있다. 그렇다고 우울해 할 필요는 없다. 대한민국에서 99%의 사람들과 운명이 같기 때문이다.

요즘 공무원 시험을 준비하는 사람들을 지칭해 공시족이라고 한다. 현재 공시족이 40만 명에 육박하고 있다는 신문기사가 자주 오르내리고 있다. 상대적으로 안정적인 직업으로 보기 때문에 많은 젊은이들이 여기에 매달리고 있는 것이다. 과연 우리가 생각하는 것처럼 공무원이라는 직업이 안정적이고 계속 그럴 것인지에 대한 질문에 자신 있게 말할 수 있는 사람이 얼마나 될까? 여기서 말하는 공무원은 교사까지 포함한다. 1980년대에는 가장 유망한 직장과 안정적인 직업으로 은행원을 꼽기도 했다. 신랑감과 신붓감 1순위가 은행원이던 시절이었다. 하지만 지금은 공무원에 비해 상대적으로 덜 안정적이라고 여긴다.

그러나 지금 2017년에 와서는 '성공과 부를 이룬 사람이 과연 공무원인가'라는 질문에 고민하지 않을 수 없다. 요즘 가장 핫한 방준혁 의장은 흙수저 또는 무수저에서 시작해서 넷마블의 가치를 13조 원대로 키우고 상장까지 시키자 방준혁 매직이라고 일컫기도 했다. 현재 상장한 게임 기업 중 시총 1위는 엔씨소프트다. 엔씨소프트가 시총 6조 원 중반대인 것을 봤을 때 2배에 달하는 규모다. 넷마블의 상장이 완료되면 최대주주인 방준혁 의장은 돈방석에 앉게 된다. 30.59%를 보유하고 있는 방 의장은 예상 보유 주식 가치가 3조 원에 달할 전망이다.

시가 총액 최대 13조 원이 될 넷마블을 키운 방준혁 의장에게 관심이 쏠렸다. 관련 업계에서는 넷마블의 성장 배경에는 방준혁 의장의 리더십이 큰 빛을 발했다는 분석이다. 방 의장은 자수성가형 오너다. 어려운 가정 형편 탓에 고등학교도 중퇴했다. 하지만 게임 사업에 대한 열정 하나로 시총 13조 원에 달하는 넷마블을 만들었다.

방 의장은 어렸을 때 돈을 벌기 위해 학업을 포기하고 중소기업에 취직했다. 그 후 가난에서 벗어나고 싶어서 사업을 시작했다. 두 번의 창업 실패를 겪은 후 2000년 캐주얼 게임과 웹

보드 장르의 게임으로 넷마블을 설립했다. 넷마블은 설립 4년 만에 CJ 그룹에 인수되었고, 그는 2006년에 건강상의 이유로 은퇴하기도 했다.

방 의장이 떠난 넷마블은 실패의 아이콘이 되고 말았다. 나오는 게임마다 죄다 실패를 맛본 것이다. 그 영향으로 회사도 기울어졌고, 여기에 회사의 주 매출원이던 '서든 어택'의 서비스권도 넥슨에 넘겨주면서 힘든 시기를 겪어야 했다. 넷마블이 고전하고 있던 2011년에 방 의장은 CJ에 팔았던 지분을 다시 인수해 복귀하고 체질 개선에 나섰다. 복귀하자마자 모바일 게임 라인업에 주력하면서 회사를 변화시켰다. 넷마블이 현재는 모바일 강자로 꼽히지만 처음부터 순탄한 길을 간 것은 아니었다. 심지어 접속자가 수백 명밖에 안 되는 게임도 있었다. 이러한 문제를 겪은 이후 계속 게임 개발에 집중했고, '몬스터 길들이기'를 시작으로 '모두의 마블' '세븐나이츠' '레이븐' 등 연속해서 히트작을 내놨고, 현재 최고의 인기를 얻고 있는 '리니지2 레볼루션'까지 탄생시켰다.

가장 안정적인 일이 가장 위험한 일이 될 수 있다. '역설의 반격'이 시작된 것이다. 굳이 성공한 부자들의 사례를 이야기하지 않아도 우리는 잘 알고 있다. 대한민국이 위험을 감수하고 중동 건설이나 반도체와 자동차산업에 도전했던 노력으로 3만 달러 국민소득을 얻게 되었다고 해도 과언이 아니다.

문제는 앞으로다. 실패와 성공이라는 생채기를 온몸에 남기면서 성공하기 위해서는 '부자가 되기 위한 축적의 시간'이 반드시 필요하다. 지금 좀 안 된다고 해서 낙심하지 말고 성공했다고 우쭐하지 말고, 실패와 성공이라는 경험을 축적하는 시간은 투자라고 생각하고 나아가야 할 것이다.

그래도 사람이
자산이다

:

　많은 사람들은 부자들에 대해 이해관계를 잘 따지는 사람으로 알고 있다. 맞은 이야기다. 그런데 매사에 그렇지는 않다. 부자들은 대부분 사업을 하는 경우가 많다. 그러다 보니 자연스럽게 사업상 이해관계가 발생할 수밖에 없다. 필자가 본 부자들의 면면을 보면 많은 경우 사람과의 만남을 꼭 손익으로만 따지지 않는다. 좀 더 정확하게 말하자면 좋은 사람을 만나려고 하지, 손익은 절대적인 기준이 아니다.

　전 원장(68세)은 현금자산이 50억 원에 육박할 정도로 성공한 부자다. 그는 고위 공무원 출신으로 직업 특성상 사람들을 만나는 일이 잦다. 그런 그에게 어떤 경우에도 양보하지 않는 원칙이 있다. '그래도 사람이 자산이다'라는 생각이다. 그동안 경험을 통해 얻은 지혜이기도 하다. 그래서 가능한 맡기면 믿어

주라고 말한다. 반대로 믿지 않는다면 일도 맡기지 말라는 것이다. 전 원장은 믿을 만한 사람들이 주변에 많을수록 부자라고 생각한다. 중간에 그의 기대를 저버린 경우도 있었지만 기대가 믿음으로 보답하는 적이 더 많았기에 이 원칙을 지금도 유지하고 있다. 전 원장의 부의 원천인 셈이다.

손익을 따지다 보면 주변에 좋은 사람이 남지 않는다는 걸 경험으로 체득해왔기 때문이다. 결국 함께 가도 좋을 사람과 그렇지 않은 사람으로 구분한다. 자신의 인생관이나 철학과 맞는 사람과는 관계를 유지하려는 경향이 높다. 당장의 손익에 따라 인간관계에 일희일비하다가 손해를 본 경험이 있는 부자들은 사람을 만날 때 계산법을 적용하지 않는다는 것이다.

장 사장(45세)은 젊어서 큰 성공을 일구고 승승장구한 사업가다. 주변에서 머리 회전이 빠르다는 말을 자주 들을 정도로 영리한 사람이었다. 자신의 머리를 신뢰하던 그도 초심과 다르게 사람과의 만남을 계산하는 습관이 몸에 배다 보니 주변에는 그런 사람만 모이게 되었다. 큰 사업을 계획하다가 예상과 달리 자금이 어려워져서 부도에 직면하자 믿었던 참모들마저 썰물처럼 빠져나갔다. 당시 장 사장은 사업이 어려운 것보다 믿었던 사람들이 자신을 배신하고 떠날 때 남모를 마음고생이 컸다고 한다. 그 후로 소통을 하면서 끝까지 함께할 사람을 챙기려는 노력이 큰 변화 중의 하나였다. 그때의 경험을 통해 지금은 사업을 할 때나 의사결정을 할 때에도 손익을 셈하지 않으려고 한다.

부자들은 누군가와 인간관계를 맺을 때 자주 인용하는 말이 있다. "타고 온 배를 버리지 말자." 손익으로 맺어진 인연은 자신이 자산을 잃거나 어려움에 처할 때 야박할 정도로 되돌아간다는 것을 잘 알기 때문이다. 손익을 따지지 않고 자신과 함께한 사람들은 자신의 부의 변화와 상관없이 관계를 유지하고 함께할 수 있다. 결론적으로 그런 관계야 말로 죽을 때까지 사라지지 않는 관계가 된다.

곰처럼 천천히,
여우처럼 영악하게

:

주식 투자나 부동산 매매 시 부자와 그렇지 않은 사람은 확연하게 대응 방법이나 태도가 다르다. 부자가 아닌 사람들은 대부분 너무 급하게 이익을 기대하거나 영악하지 못한 결정을 해서 손실을 보는 것을 종종 목격하게 된다. 투자를 하기 위해서는 여우처럼 영악하게 따져보고 생각도 해보지만 매매 시에는 곰이 먹이를 기다리듯이 천천히 진행하는 것도 필요하다.

부자와 일반 사람들은 노후 준비를 마무리하는 시기와 노후 자금의 목표 설정 방법이 다르다. 일반 사람들은 50대 중반이나 60대에 노후 준비를 마치려고 하지만 부자들은 40대에 노후 준비를 마무리한다. 부자들의 공통점은 한시라도 빨리 노후 준비를 마치려는 경향이 있다. 또한 일반 사람들이 '내 노후를 위해서는 10억 정도 필요할 거야'라는 거시적인 계획을 세울 때 부자들은 좀 더 구체적으로 '내 나이 60세 또는 70세에 필요한 자금'을 정한 뒤 그들의 라이프스타일에 맞는 노후 자금을 마련하기 위해 끊임없이 배우고 공부한다.

부자나 보통 사람들이나 모두 노후를 위해 투자한다. 다만 중요한 것은 '조급함을 버리라'는 것이다. 보통 사람들이 짧은 시간에 많은 수익을 얻으려고 투자할 때 무리수를 두는 경향이 많은데, 이런 조급함은 오히려 실패 확률을 높일 뿐이다. 부자는 1억 원을 투자해서 1,000만 원을 버는 데 집중하는 반면, 일반 사람들은 1,000만 원을 투자해 1억 원을 벌려고 한다. 이렇게 욕심을 부리다 보면 위험 관리가 쉽지 않을 뿐더러 자칫 원금마저도 잃기 십상이다.

국내 일류 의과대학을 졸업하고 강남에서 치과의원을 운영하고 있는 윤 원장(41세)은 빨리 투자해 큰 이익을 얻으려고 했지만 처음의 투자 결과는 영 신통치 않았다. 돈은 있었지만 투자 방법을 공부할 시간도 부족했던 데다가 남에게 맡기자니 불안해서 자신이 직접 투자를 했기 때문이다. 그 결과로 땀 흘러 번 돈은 흔적도 없이 사라졌다.

그는 몇 번 실패를 거듭하면서 처음부터 다시 시작하자는 마음이 생겼다. 토요일에는 치과의원을 접고 각종 세미나에 참석해 부자들을 만나보았다. 그러면서 경제를 이해할 수 있게 되었고 투자 안목도 갖게 되었다. 윤 원장은 요즘 직접 투자보다 주거래 금융기관에 맡기는 방식의 투자를 한다. 하지만 과거와 달리 경제 흐름을 스스로 파악하기 때문에 담당자와 협의해 가면서 투자 방향을 결정한다.

윤 원장은 전문가형 부자인 동시에 투자형 부자다. 과거처럼 의사로서 벌어들이는 수입에 의존하기에는 현실이 만만치 않다. 경쟁도 심할 뿐만 아니라 나이가 들수록 일이 점점 고단해져서 평생직업으로 삼는 것이 어려워졌기 때문이다.

그래서 시작한 것이 자산증식을 위한 투자였지만 처음에 과욕을 부리다 큰돈을 잃는 쓴맛을 보고 말았다. 그러다 보니 병원 일도 엉망이 됐다. 이런 과정을 통해 그가 깨달은 것은 투자는 운전처럼 일정 기간의 연습이 필요하다는 사실이었다. 이를 실천함으로써 윤 원장은 이제 전문가형·투자형 부자로서 안정적인 투자 수익을 내고 있다. 삶의 즐거움이 이전보다 훨씬 커진 것은 물론이다.

우리나라 부자는 대부분 부동산 투자로 부를 축적했다. 부동산의 특징은 바로 '기다림'이 필요한 투자 수단이라는 점이다. 주식투자도 마찬가지다. 좋은 주식을 싼값에 산 뒤 기업가치가 오르기를 기다리면 주가도 당연히 오른다. 부자들은 대개 장기간에 걸친 투자를 통해 안정적인 수익을 확보하려는 공통점이 있다. 보통 사람들도 부자들의 장기투자 마인드를 배우는 것이 필요하다.

간단한 듯 보이지만 그 안에는 기다림과 인내의 시간이 반드시 수반된다. 부자가 되는 데에는 그만큼 시간이 필요하다는 것이다. 그런데 많은 사람들은 이런 점을 간과한다. 너무 짧은 기간에 큰 수익을 얻고자 지금도 투자와 '전쟁' 중이다. 부자들이 주는 핵심 메시지는 투자를 즐기라는 것이다. 그러다 보면 돈은 자연스럽게 따라오는 선물과 같다. 필자도 이 점을 새삼 강조하고 싶다.

당신을 위한
부의 킹메이커가 있는가?

살다 보면 한 번쯤 보증을 서는 일이 생긴다. 그것도 가장 친한 친구나 직장 동료에게 해주게 된다. 다만 끝이 좋지 않은 경우가 많다. 결국 사람에게 문제가 발생한 것이다. 미국의 경영 컨설턴트 짐 콜린스(Jim Collins)는 그의 책 『좋은 기업을 넘어 위대한 기업으로』에서 15년 동안 누적수익률이 상승한 1,400여 개의 초우량 기업을 분석한 결과, 출발은 '사람'이었다는 공통점을 찾아냈다. 위대한 기업이 되기 위해서는 하고자 하는 일에 적합한 '사람'을 정하는 것이 그 출발이었다. 투자나 사업을 할 때에도 마찬가지다. 많은 사람들은 방향을 설정하여 추진하는 것이 먼저라고 말하지만, 사실 방향을 설정한다 해도 가는 것도 선택하는 것도 결국 사람이다.

건설업을 운영하는 윤 회장(61세)은 지금은 성공한 부자다.

그는 사업이나 투자를 시작할 때마다 반드시 세 사람에게 자문을 구한다고 한다. 첫 조언자는 아내다. 자신을 너무나 잘 알고 언제든지 싫은 이야기도 해주기 때문이다. 가장 객관적인 사람일 수도 있다. 두 번째 조언자는 거래하는 금융기관의 지점장이나 담당자다. 자신의 현금 흐름이나 자산 규모를 비교적 잘 알고 있기 때문에 재무적 판단에 매우 유용하다는 것이다. 세 번째 조언자는 투자처나 거래처 사장 또는 직원이다. 자신이 모르는 투자 기업이나 거래처의 속사정을 너무도 잘 알고 있기 때문에 반드시 확인한다고 한다. 윤 회장이 부모로부터 큰 자산을 물려받은 것도 없으면서 지금의 부를 유지할 수 있었던 데에는 '사람'에게 집중한 것이 가장 큰 성공 요인이다.

중국의 한비자는 삼류 인생과 일류 인생을 비유해서 삼류는 자신의 능력을 쓰고 일류는 타인의 능력을 이끌어낸다고 말한다. '사람'이 성공의 원천임을 강조하는 대목이다. 하버드대학교의 데이비드 맥크릴랜드(David McClelland) 교수는 우리가 습관적으로 만나는 사람들이 인생의 성패를 95% 좌우한다고 했다. 좋은 인간관계는 절반의 성공을 예견할 수 있다. 특히 100세 시대를 살고 있는 우리들도 함께하는 사람과의 관계에서 희로애락이 결정된다. 세계적인 대부호인 미국의 앤드루 카네기

묘비에 "자기보다 나은 사람의 도움을 받을 줄 알았던 사람, 여기 잠들다"라는 글귀가 새겨져 있음을 명심하기 바란다.

경주 최 부잣집은 자그마치 12대 300년 동안 만석꾼을 유지했던 집안이다. 최 부잣집에는 6훈이라는 가훈이 있다. 그 중의 하나가 "과객을 후하게 대접하라"는 것이다. 이는 인정을 베풀어 적을 만들지 말라는 뜻이 내포되어 있다. 또 다른 의미로 전국 각지의 주요 정보를 사람을 통해서 얻기 때문이다.

성공한 인생을 살기 위해서는 지금 나와 함께하는 사람에게 집중해야 한다. 부자들은 평소에 십 원이라도 따지고 아끼지만 사람을 얻기 위해서는 큰돈을 기꺼이 지불하면서까지 사람에게 집중한다. 독자들은 지금 같이하고 있는 사람이 자신과 함께 가는 길에 있어서 장애물인지 디딤돌인지 다시 한 번 점검해 보길 바란다. 부자도 마찬가지다.

부자는
'쉼'에 투자한다

두려움을 용기로, 가난을 부로 바꾸는 진정한 힘은 '쉼(休)'에 있다. 오랜 기간 부자들을 곁에서 지켜보니 그들은 일반 사람들과는 달리 쉼이 있는 시간을 돈으로 산다. '빨리빨리' 문화는 저성장 시대에 부자가 되기에는 역부족이기 때문이다.

정 사장(55세)은 상장기업에서 회장의 비서실장을 마지막으로 퇴직한 후 이제는 2개 기업을 운영하는 성공한 기업인이다. 정 사장은 "투자를 잘했다거나 부동산이 올라 돈을 벌었다는 말보다는 시간을 사는 것이 성공 비결이다"라고 말한다. 그는 다른 사업가들과 달리 돈 버는 방법이 많이 다르다. 우선 남들이 생각하지 않는 틈새시장을 잘 파악하여 즉시 투자해 성공을 거두었다. 공장 폐유를 받아 정제하여 납품하는 것도 사업에 대한 남다른 아이디어에서 출발한 것이다. 어렵게 마련한

쉼의 시간에는 새로운 사업 구상에 몰두한다. 그동안 바쁘다는 이유로 소홀했던 부분들을 챙기고 직원들과 소통하는 일에 시간을 보내면서 좀처럼 만나지 못했던 친구나 지인들을 만나거나 사랑하는 가족과 편안한 시간을 보내기도 한다. 정 사장은 명상을 통해 마음의 근력을 키우기도 한다. 명상을 하면 면역력 증가 요인인 세로토닌이 증가된다는 사실은 이미 과학적으로 증명되었다.

세계 1위 부자인 빌 게이츠는 '생각 주간(Think Week)'이라는 시간을 만들고, 일 년에 한두 차례 일주일 동안 일상적인 일에서 벗어나 한 가지 아이디어에 집중한다. 그는 자신의 저택 이외에도 일 년에 두 차례씩 별장에 은둔해 마이크로소프트의 미래 전략과 아이디어에 대한 연구에 몰두한다. 일주일 남짓한 이 기간엔 마이크로소프트 직원은 물론 가족이 방문하는 것도 거절한 채 홀로 IT 업계 동향과 새로운 아이디어들을 담은 보고서들을 읽으면서 생각을 정리한다고 한다.

시간의 필요는 비단 부자가 아니라 해도 이제는 사회적인 합의에 이르렀다. 생각할 시간을 가지자는 사회적 트렌드가 반영되어 2016년에 이어 2017년에도 '멍 때리기 대회'가 개최되었다. "현대인의 뇌를 탁 트인 한강에서 쉬게 하자"는 콘셉트로

열린 멍 때리기 대회는 '2016 한강 멍 때리기 대회'에 이은 두 번째 대회로 엄청난 관심과 사회적 반향을 불러일으켰다. 이처럼 멍 때리기에 열광하는 이유는 뇌에 휴식을 줄 뿐 아니라 평소에는 미처 생각하지 못한 영감이나 문제 해결 능력을 주기 때문이다. 인문학 학습 열풍이 일어나는 것도 결코 우연은 아닌 것이다. 부자가 된다는 것, 성공한다는 것은 이제 시간이 필요하다는 것이다. 다시 말해 쉼이 필요하다는 것이 증명된 셈이다.

부자는 인맥 관리에
시간과 돈, 정성을 들인다

장사로 미래의 부를 갖기 위해 오늘도 대한민국 7백만 자영 업자들의 가장 큰 고민거리는 '좋은 고객을 어떻게 나의 고객 으로 만들 것인가'이다. 그래서 요즘 기업들에게 가장 주목 받 는 화두가 CRM(Customer Relationship Management), 즉 '고 객관계관리'다. 반면 직장인들의 성공적인 경력 관리를 위한 화 두는 바로 '인맥 만들기(Human Networking)'라고 할 수 있다.

주변에 좋은 사람들을 두고, 그 인맥을 효율적으로 관리하는 것은 개인의 경력과 실력 향상에 있어서 필수 요소다. 하지만 최근까지도 이 인맥(人脈)이라는 것이 개인 주도적이고 구체적 인 계획에 의한 것이기보다는 학연·지연·혈연과 같이 자연스럽 게 형성된 공동체 중심이었던 게 사실이다. 하지만 현재와 미래 에 필요한 인맥은 단순히 '줄을 잘 선다'거나 어떠한 네트워크에 쉽게 편승함으로써 얻을 수 있는 그런 것이 아니다. 이 시대가 요구하는 인맥은 가치관과 공동 관심사의 공유를 바탕으로 자신의 실력에 도움을 줄 수 있는 효과적인 '정보망'이어야 한다. 또한 적극적인 경력 관리 수단으로 실제 활용 가능한 네트워크여야 한다.

4개의 정육점 매장을 가지고 있으면서 상당한 자산을 일군 이 사장(57세)은 한때 어려운 시기도 있었다. 하지만 그가 오늘날의 성공을 이룬 이면에서 가장 큰 공이 '인맥'에 있다고 자신 있게 말한다. 무일푼의 정육점 직원으로 취직해서 단순히 급여만 받는 것보다는 앞으로 고기 판매 사업을 하고 싶다는 포부가 있었다. 그래서 고기를 납품하는 회사 사장부터 직원들까지 단순히 거래처를 넘어 인간적으로 매우 친하게 지내고 고기 판매 프로세스와 좋은 고기 고르는 법 등 전문적인 노하우를 배워 나갔다. 직원으로 근무한 지 3년이 지날 즈음 독립해서 가게를 차릴 때 그 인맥의 힘이 작동하기 시작했다. 고기 구입을 위한 초기 자금이 없자 평소 성실한 그를 눈여겨보았던 도축업체 사장이 외상으로 물건을 주었다. 그때의 고마움은 지금 자신의 가게에서 일하는 직원들에게도 고스란히 보여주고 있다. 장기 우수 직원의 창업을 도와주는 것이 바로 그것이다.

그는 나름대로 사업을 하거나 사회생활에서 좋은 인맥을 만들기 위해 몇 가지 규칙이 있다고 말한다.

첫 번째, 구체적인 커리어 맵(Career Map)이 있어야 한다. '많은 사람을 알고 있는가' 하는 것은 그다지 중요하지 않다. 인맥 관리에서 중요한 것은 '나에게 필요한 사람이 누구며, 얼마나 알고 있는가' 하는 측면이다. 아무리 사교성이 뛰어나고 사람 사귀는 것을 좋아해도 일생 동안 인간이 맺을 수 있는 인간관계란 한계가 있기 마련이다. 따라서 초점 없이 많은 사람을 만나려 애쓰는 것보다는 나에게 필요한 바로 그 사람에게 시간과 노력을 투자하는 것이 더 현명한 선택이다. 덧붙여 나에게 필요한 핵심 인맥을 알기 위해서는 자신의 경력 관리를 위한 구체적인 커리어 맵이 있어야 한다. 본격적인 인맥 관리에 앞서 자기 경력 관리의 큰 그림을 그리는 것은 매우 중요하므로 반드시 선행되어야 한다.

두 번째, '기브 앤 테이크'가 중요하다. 인간관계의 기본은 '주고받기'다. 일방적으로 얻을 수 있는 관계는 세상에 존재하지 않는다. 따라서 '내가 무엇을 얻을 수 있을까' 하는 잣대로 사람을 평가하지 말고 '저 사람과 내가 무엇을 주고받을 수 있을까'를 늘 고민해야 한다. 한편 당장에는 불필요한 인맥이라 하더라도 이미 쌓아 놓은 인맥이라면 최대한 예의를 갖추는 것이 필요하다. 상대방을 소홀히 대하면 그 또한 '기브 앤 테이크' 법칙에 의해 나에게 언젠가 해가 되어 돌아올 수 있음을 명심해야 한다. 현재 영향력 있고 존경받는 사람만이 꼭 핵심 인맥인 것은 아니다. 권력과 부는 영생할 수 없다. 자신과 관계된 모든 사람에게 최선을 다해 공평한 배려를 하는 것 역시 인맥 관리의 핵심이다.

세 번째, 나에게 능력이 있어야 인맥도 형성된다. 상대방이 당신을 좋아하는 이유가 무엇일까? 그들 역시 당신을 그들의 핵심 인맥으로 염두에 두고 돈독한 관계를 유지해 왔는지 모른다. 그러나 잘 쌓아올린 인맥을 한순간에 무너뜨릴 수 있는 것은 당신이 상대방에게 '무가치한 사람'으로 낙인찍힐 때다. 그래서 능력을 끊임없이 갈고닦아야 한다. 능력은 사람을 낚는 어부가 가져야 할 필수적인 미끼다. 좋은 고기를 낚기 원한다면 살아 있는 미끼를 걸어야 하듯 늘 자신의 능력을 새롭게 갈고 닦는 일에 게으르지 말아야 한다.

네 번째, 홍보는 습관적이어야 한다. 사람은 걸어 다니는 홍보 매체다. 돈을 버는 것도 사업을 하거나 직장 또는 개인적인 자리에서도 늘 자신의 비전과 목표를 은근히 자랑스럽게 PR하는 것이 습관화되어 있어야 한다. 자신을 과장하라는 말이 아니다. 사람들을 만나는 기회가 있을 때마다 이를 적극적으로 활용하라는 뜻이다.

다섯 번째, 인맥 활용은 선의로 활용되어야 한다. 인맥 관리에서 가장 경계해야 할 부분은 짧은 안목으로 인맥을 이용하려고 하거나 일방적이고 이기적인 방법으로 인맥을 형성하려는 시도다. 이러한 행동들은 오히려 지금까지 잘 쌓아온 다른 인맥마저 한순간에 잃어버리게 할 수 있다. 인맥은 서로의 신뢰가 밑바탕이 되어야 한다. 특히 우리나라의 지나친 연고주의와 특정 관계로 몰려다니는 패거리 문화는 분명 지양해야 할 부분이다. 앞에서 인맥 관리를 위한 몇 가지 방법을 제시했으나 인맥 관리의 구체적인 방법론에는 정도가 없다는 것을 기억해야 한다. 좋은 인맥을 만드는 법을 전부 하기보다는 한 가지씩 늘려나가는 것도 지혜일 것이다.

좋은 인맥을 만들기 위한 5가지 규칙

1. 구체적인 커리어 맵이 있어야 한다. 나에게 필요한 바로 그 사람에게 시간과 노력을 투자하는 것이 현명한 선택이다.

2. '기브 앤 테이크'가 중요하다. '내가 무엇을 얻을 수 있을까' 하는 잣대로 사람을 평가하지 말고 '저 사람과 내가 무엇을 주고받을 수 있을까'를 고민해야 한다.

3. 나에게 능력이 있어야 인맥도 형성된다. 능력을 끊임없이 갈고닦아야 한다.

4. 홍보는 습관적이어야 한다. 자신의 비전과 목표를 은근히 자랑스럽게 PR하는 것이 습관화되어 있어야 한다.

5. 인맥 활용은 선의로 활용되어야 하며, 인맥은 서로의 신뢰가 밑바탕이 되어야 한다.

시간을 지배하는 사람이
부자가 된다

:

다보스포럼 의장인 클라우스 슈밥(Klaus Schwab)이 2016년
1월 개최된 다보스포럼에서 처음 사용한 '4차 산업혁명'이 요
즘 자주 쓰이는 말이다. 1990~2000년대 IT가 주도했던 3차 산
업혁명을 넘어서 후퇴했던 제조업을 재정비하고 IT와 융합하여
제조업의 반격이 시작되는 새로운 시대를 의미한다. 돈이 흐름
이 이 산업에 있다는 말이다. 미래의 원동력, 그것은 바로 변화
라고 할 수 있다.

과거의 부자는 돈이 머무는 곳을 투자수단으로 삼았는데,
대표적인 것이 부동산이다. 아직도 틀린 말은 아니다. 『2017 한
국 富者 보고서』에 의하면 대한민국 금융자산 10억 원 이상 부
자들은 최고의 투자수단으로 역시 부동산을 꼽았다. 인간 생
활의 기본 요소(衣·食·住)이면서 매매 차익을 통해 수익을 실

현하는 투자수단으로의 성격을 동시에 지닌 독특한 자산이다. 한국 부자의 전체 부동산 자산 중 거주 주택이 차지하는 비중은 49.5%로 국내 전체 가계(56.9%) 대비 낮은 수준이다. 하지만 부동산 경기가 활황을 보였던 2015년을 제외하고는 지속적인 증가 추세를 보이고 있어 거주 부동산의 중요성이 커지고 있음을 확인할 수 있다.

특히 투자 포트폴리오 측면에서 글로벌 자산가의 부동산(거주용 부동산 제외) 투자 비중은 17.9% 수준인 반면, 한국 부자들의 부동산 투자 비중은 35.8%로 2배나 높았다. 또한 다양한 투자 대안 중 수익률이 높은 자산에 대한 질문에서 국내 부동산은 1순위와 2순위로 집계되어 43.6%라는 가장 높은 비중을 나타냈다. 손실 위험 등을 고려할 경우에도 선호도가 53.1%로 오히려 증가하는 모습을 보였다. 이는 한국 부자에게 있어서 부동산은 수익률이 가장 높은 자산으로 인식됨과 동시에 손실 위험 등을 고려하더라도 여전히 가장 매력적인 투자 대상임을 의미한다는 점에서 투자 포트폴리오에서 부동산의 중요성을 확인할 수 있다.

부자가 된다는 것은 현재의 시간을 지배하는 사람이라고 볼 수 있다. 즉 시간의 권력자가 부자라고 정의할 수 있다. 클라우스 슈밥이 처음 말했던 4차 산업혁명은 사회 곳곳과 시장에서 혁명적인 변화가 다가온다는 의미다. 약국도 병원도 없어질 것이다. 그 대표적인 사례가 스티브 잡스의 아이폰에서 시작되었다. 손안에 정보가 있다는 것이다. 과거의 부동산 중심의 투자 시장에서 이제는 사업과 정보 그리고 그 활용에 돈이 있다는 의미다. 그런 기업의 주식을 사는 것이 투자의 패러다임으로 전환되고 있다. 전기자동차가 앞으로 대세가 될 것이며, 현재 가솔린 시대의 자동차 부품은 90%가 없어지고 배터리 같은 전기자동차의 필수 산업이 더 뜰 것이라는 전망은 자명하다.

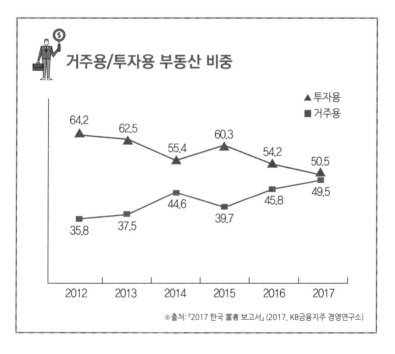

거주용/투자용 부동산 비중

▲ 투자용
■ 거주용

64.2
62.5
55.4
60.3
54.2
50.5

35.8
37.5
44.6
39.7
45.8
49.5

2012   2013   2014   2015   2016   2017

※출처: 「2017 한국 富者 보고서」 (2017, KB금융지주 경영연구소)

1990년대 이전 세계 10대 기업의 대부분은 제조업과 IT 중심이었고, IBM을 선두로 하여 기술력 중심이었다. 2017년에는 글로벌 시가총액 8위 중 대부분은 IT 업종으로 1위는 시가총액 908조인 스마트폰 창조기업 애플이다. 2위는 광고가 매출의 90%인 구글이고 시가총액이 763조로 올랐다. 3위 마이크로소프트는 윈도우즈 제품군을 판매하면서 621조, 4위는 글로벌 공룡기업인 아마존은 538조로 올랐다. 5위는 페이스북으로 시가총액 498조이다. 6위 텐센트는 중국의 대표적 무료 인스턴트 메시징 프로그램인 '텐센트 QQ'로 잘 알려졌고, 이제는 인기 온라인 게임 '리그 오브 레전드'의 소유 기업이 되어 시가총액이 367조에 이른다. 7위에는 인터넷 상거래 기업 알리바바가 347조의 시가총액이며, 8위 삼성전자는 333조의 시가총액을 보유하고 있다.

이들 8개 기업의 시가총액을 합쳐 보니 4,375조 원이다. 이들은 기존의 기업 생태계를 부수고 새로운 기업을 만들어 새로운 방식으로 경영하고 있다. 한동안 2009년 설립된 우버의 기업가치는 80조로 우리나라 재계 2위에 해당되는 수준이었고, 에어비엔비(Airbnb)라는 세계 최대의 숙박 공유 서비스가 36조의 기업이 되기도 했다. 이들 기업들은 TV 광고도 하지 않는다. 이제 세상은 변화하고 있다. 문명의 교체가 시작된 셈이다.

IT/모바일 시가총액 상위 기업

IT/모바일	국가	시가총액(USD)	시가총액(원)
애플	미국	8,127억 달러	908 조 원
구글	미국	6,824억 달러	763조 원
마이크로소프트	미국	5,560억 달러	621조 원
아마존	미국	4,811억 달러	538조 원
페이스북	미국	4,453억 달러	498조 원
텐센트	중국	3,285억 달러	367조 원
알리바바	중국	3,108억 달러	347조 원
삼성전자	한국	2,984억 달러	333조 원
오라클	미국	1,878억 달러	210조 원
TSMC	대만	1,800억 달러	201조 원

※출처: 「2017 한국 富者 보고서」(2017, KB금융지주 경영연구소)

이동식 화장실이나 캠핑카를 만드는 사업을 하는 김 사장 (54세)의 원래 직업은 대학교수다. 잘 나가던 시절에 우연히 알고 지내던 사장으로부터 앞으로 여행이 늘어난다는 정보를 듣게 되었다. 또 필수적으로 이동식 화장실이나 캠핑카 수요가 늘어날 것이라는 전망과 함께 자신이 하고 있던 사업의 경영을

권유받게 되었다. 사람들의 트렌드 변화를 직감한 김 사장은 주저하지 않고 사업을 시작하게 되었고, 예상은 적중했다. 지금은 전국에서 이 사업 부문에서 독점적인 공급망과 경쟁력을 가지고 있다. 아무도 생각하지 않았을 때 사람들이 시간을 소비하는 것에 돈이 있다는 것을 잘 판단한 것이다. 물론 김 사장은 이 산업으로 상당한 부를 일궈냈다.

돈을 번다는 것은 사람들의 시간이 머물거나 시간을 소유하는 곳에 돈이 있다는 것이다. 대한민국 부자들은 2,000년까지는 부동산에 상당 부분 투자를 할애한 것이 인정된다. 하지만 앞으로 부자들은 부동산뿐만 아니라 시간을 잡는 사업이나 기업의 주식을 사는 것에서 돈을 찾아낼 것이다. 여기에 답이 있다.

매슬로우에게 배우는
부자 성공법칙

은행에서 대출을 한 번이라도 이용했으면 이해가 될 것이다. 개인의 신용등급에 따라 대출 이자가 높거나 대출 금액이 차이가 나는 것을 경험했을 것이다. 과거와는 다른 현상이다. 이미 부자들은 지금과 같은 상황을 경험했겠지만 그들은 신용을 목숨같이 지켜온 사람들이다.

경주 최 부잣집의 철학 가운데 첫째는 '흉년에 땅을 사지 않는다'였다. 옛날에는 흉년이 들면 수천 명씩 굶어 죽는 시대였다. 흉년이야말로 없는 사람들에게는 지옥이었지만, 있는 사람에게는 부를 축적할 수 있는 절호의 기회였다. 가난한 사람들이 당장 굶어죽지 않기 위하여 헐값으로 내놓은 전답을 매입할 수 있었기 때문이다. 심지어 '흰죽 논'까지 등장했다. 다급하니까 흰죽 한 그릇 얻어먹고 그 대가로 팔게 된 논을 말한다.

그러나 최 부잣집은 이런 짓을 하지 않았다. 이는 가진 사람이 할 도리가 아니라고 보았기 때문이다.

이런 금기는 또 있었다. '파장 때 물건을 사지 않는다'가 그것이다. 석양 무렵이 되면 장날 물건들의 값이 뚝 떨어지기 마련이다. 다른 부잣집들은 오전에는 물건을 사지 않다가 파장 무렵이 되어 나오는 '떨이' 물건을 기다렸다. 최 씨 집안은 그렇게 하지 않았다. 항상 오전에 제값을 주고 물건을 구입했다. 그러다 보니 상인들은 제일 질이 좋은 물건을 최 부잣집에 먼저 가지고 왔다. 이 집은 물건값을 깎지 않는다는 신뢰가 형성되어 있었기 때문이다. 동서고금을 통틀어 보아도 역시 부자는 신용을 잘 지키는 사람임에 틀림없다.

에이브러햄 매슬로우(Abraham Maslow)는 인간의 욕망에 대해 학계 최초로 학문적인 연구를 시도한 심리학자다. 그는 인간의 욕구를 5가지 단계로 나누고, 거기에 등급을 매겨 각각의 욕망이 다른 욕망에 의해 어떻게 지배를 받는지에 관한 이론을 제시했다.

인간의 욕구 가운데 신용을 지키고자 하는 욕망이 가장 크다고 보았다. 결국 신용을 지키는 것이 자기실현의 전제적 조건이라 할 수 있다. 매슬로우가 정의한 5단계 욕망들은 다음과 같다. 가장 단계가 낮은 '생물학적 욕구(Physiological),' 그 위로 '안전에 대한 욕구(Safety),' 그 다음은 '사회적 욕구(Social),' '자긍심 대한 욕구(Esteem),' 그리고 마지막으로 가장 높은 단계인 '자기실현에 대한 욕구(Self-Actualization)'가 그것이다. 매슬로우는 이 5단계 이론 중 자기실현에 대한 욕구에 대해 좀 더 자세히 다룬 바 있다. 그는 자기실현에 대한 욕구는 "인간이 갖는 가장 최상위의 욕망으로, 자기계발과 목표 성취를 위해 끝없이 노력하는 자세"라고 정의하고 있다.

　매슬로우는 자기실현에 대한 욕구는 다른 단계의 욕구와 달리 일정한 한계점이 없다는 점을 강조했다. 생물학적 욕구에는 한계점이 있어서 일정 수준 이상 충족되면 자동적으로 그 욕구가 사라진다. 밥을 먹다 배가 차면 숟가락을 놓고, 겨울철 난방을 켜고 방이 너무 더워지면 난방을 끄는 식이다. 그러나 자기실현에 대한 욕구는 그렇지 않다. 오히려 욕구의 충족이 커지면 커질수록 그 욕구는 더욱 강해지곤 한다. 매슬로우는 사람이 자기실현의 단계에 들어서기 위해선 먼저 아래 단계에 있는 기본적 욕구들이 충족되어야 한다고 말한다. 배고프면 먹을 것을 찾고, 추우면 따뜻한 곳을 찾고, 주변이 불안하거나 위험하면 안전한 곳을 먼저 찾는다. 그리고 외롭고 고립되어 있다는 느낌이 들거나 자신감과 자긍심이 부족하다면 자기실현을 생각하기보다는 먼저 이에 대한 욕구를 충족시키기 위해 움직인다는 것이 매슬로우의 설명이다.

매슬로우는 자기실현에 대한 욕구가 '추진력'을 얻기 위해서는 먼저 '결핍 상태'를 극복해야 한다고 말한다. 자신이 신체적으로나 정신적으로 어떤 결핍이 되어 있는 상태라면 자기실현에 대한 노력을 충분히 기울일 수가 없다는 뜻이다. 바꿔 말하면 돈을 벌기 위해 일하는 것이 아니라는 의미다. 사람은 자신이 하고 싶은 것을 실현하기 위해 일하는 것이다. 또한 자기실현을 위해 신용을 목숨처럼 지키며 목표를 성취하기 위해 나아가는 것이다.

매슬로우에게 배우는 부자 성공법칙

1. 자신을 타인과 비교하지 않는 것에서부터 자신감이라는 씨앗이 자라게 된다.

2. 건강한 자존감은 외적인 명성이나 세평, 부당한 아부보다는 타인으로부터 당연히 받을 가치가 있어서 받는 존경에 기초하고 있다.

3. 손에 든 것이 망치밖에 없다면 모든 것을 못처럼 다룰 수밖에 없다.

4. 밥을 굶는 사람에겐 밥이 전부지만, 한 번이라도 꿈을 꾼 적이 있는 사람은 그 꿈이 삶의 전부가 된다.

5. 일이 순조로울 때는 감사하고, 힘들 때는 평온한 마음을 유지하며 진지하게 생활해야 한다.

6. 진정한 사랑을 아는 사람은 자아실현의 단계에 접근한 사람이다.

7. 생각이 바뀌면 행동이 바뀌고, 행동이 바뀌면 습관이 바뀌고, 습관이 바뀌면 인생이 바뀐다. 또 습관이 바뀌면 성격이 바뀌고, 성격이 바뀌면 인생도 따라서 변화한다.

8. 우리가 가진 능력은 쓰여지기 위해 아우성 치고 있다. 우리가 자신의 능력을 최대한 발휘할 때만 이러한 내면의 아우성을 잠재울 수 있다.

9. 삶은 안전과 위험을 계속 선택하는 과정에 지나지 않는다. 발전하려면 하루에도 몇 번씩 위험을 선택하라.

10. 마음의 평화를 얻으려면 음악가는 음악을 해야 하고, 화가는 그림을 그려야 하고, 시인은 글을 써야 한다. 그가 되어야 할 어떤 것이 있다면, 그는 그렇게 되어야 한다.

3장

부자의 비밀은
식지 않는 실행력이다

부자설계 공식 3rd
PRACTICE

실행하면 성공과 실패 중 하나다.
그러나 실행하지 않으면 성공도 실패도 없다.

우리가 알던 돈 버는 원칙이
변화하고 있다

2014년 말 기준으로 대한민국의 직업 수는 대략 1만4천 개 정도다. 인공지능과 로봇의 발전에 힘입어 인류의 산업지도가 바뀌고 있다. 어떤 직업도 안정적이라고 말할 수는 없다. 한 해 천 명 넘게 배출되는 변호사, 의사, 회계사 등 이제 더 이상 안정적인 직종과 직업은 없다. 심지어 지구상에서 2750년도에 제일 먼저 사라질 나라가 바로 대한민국이다. 이는 2006년 영국 옥스퍼드대학 인구문제연구소가 꼽았다. 그리고 가장 먼저 없어질 도시로 부산을 꼽은 것도 특이하다. 이 전제가 맞지 않을 것으로 생각되지만 조금은 걱정이 된다.

이런 이야기를 한창 하던 고 회장(51세)은 한때 잘나가던 사업가였다. 영화관을 운영하기도 했지만 건설업으로 잘나가던 시기에 부도를 맞았다. 하지만 이제는 다시 재기에 성공했다. 1

년에 1조 매출을 올리는 상가와 아파트형 공장, 전원주택 사업에 투자해 큰 성공을 이루었다. 그가 부도난 후로 7년 동안 한 일은 미래의 부가 어디에 있는지에 대한 연구였다. 55년생부터 63년생까지 약 714만 명의 베이비붐 세대의 은퇴가 마무리되는 시점을 2025년으로 보았다. 그리고 주택시장의 전망은 어둡다고 판단하고 전원주택이나 상가형 빌딩 공급으로 건설업의 업종을 바꾸어 미래를 대비했다.

고 회장은 우리가 이전에 알던 돈 버는 업종과 방법은 더 이상 존재하지 않는다고 말한다. 그가 선택한 것은 레저와 의료 그리고 여유가 있는 전원주택을 꿈꾸는 사람들이다. 한 가구에 7~8천만 원대 전원주택 공급, 아파트형 상가와 오피스텔의 공급 등 다양한 시도를 통해 미래의 부를 보고 있다. 그러나 아직도 많은 사람들이 과거의 돈 버는 규칙을 따르고 있다. 거기에 시간과 돈을 투자하면서 뻔히 실패할 가능성을 보여주고 있음에도 불구하고 그 주변에서 머뭇거리고 있다는 것이다. 약간의 시세차익을 노린 아파트 분양과 실수요자임에도 불구하고 넓은 평수의 아파트 구입과 이에 따른 금융비용 부담이 가중되고 있다. 높은 수익을 준다거나 작전주라는 말을 믿고 기업의 재무 상황도 파악하지 않은 채 무분별하게 투자하는 경우가 그렇다. 또 1% 이자를 더 얻는다고 안정성이 부족한 제2 금융권 정기예금에 환호하는 많은 사람들의 경우도 마찬가지다. 그리고 남들이 돈이 된다고 하면서 10년 전에 이미 투자가 유행했던 태양광 투자나 만연하게 전원생활을 꿈꾸며 구입한 시골의 땅 등 모든 것들이 우리가 그동안 돈을 번다고 믿고 투자했지만 이제는 더 이상 거기에서 부를 찾기 힘들어진다.

이제 경기의 규칙이 바뀌었다는 것을 잊어서는 안 된다.

연령대별 부자 실행력
ABC를 가져라

⋮

　성공적으로 운영되고 있는 병원의 원장을 맡고 있는 임 원장 (61세)은 공부를 잘해서 의대 졸업 후 나름대로 개업하여 성공한 경우다. 지금은 부동산을 포함하여 수백 억대의 자산가이기도 한다. 한참 개업하여 돈을 벌 때에는 수시로 부동산을 구입하고 성공적인 투자가라고 입소문이 났었다. 신도시 근처에 가격 상승이 충분히 기대되는 부동산과 골프연습장 등에 투자 다변화를 잘한 덕으로 이제는 상당한 자산가가 되었다.

　그런 그에게도 돈이 없어 힘들 때가 있었다. 그와 식사를 하면서 지금과 같은 부자가 되기 위해서 무엇을 준비했는지 물어본 적이 있다. 임 원장은 부자란 시간이 주는 선물이라고 말했다. 20대를 사는 사람이 60년을 준비해야 한다는 말이기도 하다. 소위 연령대별 부자 전략 포트폴리오 ABC를 가져야 한다는 것이다.

구체적인 연령대별 부자 전략을 보면 20대에는 습관에 주목해야 한다. 돈을 벌기 위해서, 부자가 되기 위해서 평생 가져야할 습관을 만들어야 한다. 임 원장은 돈이 충분치 않았던 20대에 환자 중 부자가 된 사람들을 자주 만나고 그들과 함께 시간을 보내면서 부자들의 습관을 배우려고 했다. 20대인 보통 사람들이 부자가 되기 위해서는 부자 부모님이나 할아버지나 할머니가 있거나 로또 복권 같은 행운이 있어야 가능할 것이다. 보통 사람들이 부자가 되는 길은 사업을 해서 자수성가하거나 노력밖에 없다는 것이 그의 주장이다.

30대는 종잣돈과 친해져야 한다. 종잣돈과 친해지기 위한 습관은 예금이나 적금이 출발점이다. 이것은 시간을 견디는 경험과 습관을 키우는 과정이다. 대부분 부자들이 종잣돈을 모으는 프로세스를 보면, 적금이나 예금 → 종잣돈 → 부동산이나 주식, 펀드 투자 → 예금으로 이뤄진다. 종잣돈은 모으는 과정은 누구에게나 힘든 과정이다. 그런 임 원장도 월급의 50%를 모으는 작업을 30대에 해냈고, 시간을 견뎌내서 투자 종잣돈을 마련했다. 그렇다고 이를 건너뛸 수는 없다.

40대에는 투자로 100세를 준비한다. 모아진 종잣돈으로 돈을 모으는 데 있어서 가장 중요한 시기다. 그의 40대는 1980년대였다. 부동산이 아직 급성장하지 않았고, 물가도 그리 높지 않은 시절이었다. 임야는 전답과 도시에 산 땅을 집중적으로 매입한 시점이었다. 자식 농사도 잘 지어 두 딸은 명문대 졸업과 동시에 국내 대기업과 대학으로 취업하는 자식복도 얻었다.

50대는 제2의 인생을 시작하는 시기다. 그가 40대에 주력했던 이유 중 하나다. 그때부터는 병원을 운영하지 않고 사업가로 변신하여 부동산 개발과 골프연습장 운영을 통해 경영자로 활동했다. 또 대학에서 강단에 서면서 교수로 급여를 받는 여유 있는 생활을 하기도 했다. 그리고 60대는 제2의 인생을 완성하는 때다. 지금은 작은 병원에서 전문경영인으로 급여를 받고 있으면서 시간 나는 대로 하고 싶은 여행을 다니고 있다. 참 부러운 분이다.

아무것도 하지 않는 것이
가장 위험하다

:

　세월호 사건 이후로 조선업계에서 더욱 강조되고 있는 것이 안전성이다. 과거보다 한층 강화된 기준으로 배를 만들고 검사를 한다. 이렇게 만든 배가 항해를 하기보다 항구에 계속 정박되어 있다면 아무런 의미가 없다. 배의 목적은 항해에 있기 때문이다. 그래서 그 근본적인 목적이 중요하다. 항해에 대한 위험 때문에 배가 항해를 하지 않으면 배의 목적 달성이 어렵다.

　임 사장(37세)도 이 점을 중요시하는 사람 중 하나다. 사업이 잘될까 하는 걱정도 있었지만 위험을 무릅쓰고 도전했던 인터넷 쇼핑몰은 매출액이 매 년 두 배씩 성장했다. 창업한 지 5년 정도 되었는데, 처음에는 아이디어 하나로 시작하여 이제는 매출액 3백억 원 정도의 스타트업 기업으로 성장했다. 20대 직장 생활을 통해 사업의 아이디어를 마련하고 인터넷 쇼핑몰의 가능성을 읽었다. 그냥 생각만으로 그림을 그린 것이 아니라 직장생활을 하면서 퇴근 후 의류 판매부터 시작했다. 초기의 수익이나 매출은 형편없었지만 이 기간 동안 시장을 알고 어떻게 해야 하는지를 충분히 학습했다. 아이디어가 떠오르면 '선실행 후조치' 전략으로 먼저 해보고 나중에 미흡한 점을 보완하는 등 실행에 중심을 두고 사업을 해왔다.

최근에는 물품을 대량으로 판매하면서 매입 시 할인 혜택으로 매입단가를 낮추면 판매가격도 떨어진다는 장점을 활용해 다른 인터넷 쇼핑몰과의 경쟁력을 키워왔다. 그의 생각은 적중했다. 매입 시 매입처를 다양하게 만나 협상하면서 가격 경쟁력을 키웠고, 판매 품목을 적시에 받을 수 있도록 했다. 이러한 노력은 결국 그에게 성공으로 돌아왔다. 처음 창업 때에는 통장에 고작 몇 천만 원의 창업자금이 있는 정도였지만 이제는 불입한 적금과 여유자금만도 10억 원대를 육박하고 있다. 임대하던 사무실도 새로 구입하여 부동산 수익까지 상당한 기대를 갖고 있다.

대부분 부자들은 실행을 지독하게 한다. 결정을 하면 바로 실행한다. 그런데 부자가 아닌 사람들은 결정을 했음에도 불구하고 실행하기까지 3~5년이 걸린다. 뜸을 들이며 돈을 은행에 묶어 놓는다. 1~2%의 금리에도 부자들은 적은 돈을 가지고서도 실행하기 때문에 부자가 된다. 실행하면 성공과 실패 둘 중하나다. 그러나 실행하지 않으면 성공도 실패도 없다.

잘 아는 곳에 투자하는 것이
최선이다

대부분의 사람들은 다니던 직장에서 퇴직할 때가 되면 퇴직 이후에 어떻게 하면 건강과 수입을 유지할 수 있을지 걱정하게 된다. 이러한 고민에서 비켜간 사람이 있다. 직장인 김 씨(55세)가 그 장본인이다. 이제 그도 퇴직을 얼마 남겨두지 않은 평범한 직장인이다. 하지만 그가 맞이하는 퇴직 이후의 삶은 다른 퇴직자와는 다른 상황이며, 더 행복하고 기대가 되는 미래가 기다리고 있다. 중간퇴직금을 정산 받아 제주도에 몇 년 전에 투자했던 부동산이 중국 투자자의 증가로 몇 십억대로 가치가 상승하여 은퇴 후 삶에 대한 자신감이 높아지게 되었다. 그는 이미 우리가 말하는 부자가 된 셈이다.

사실 은퇴 후 세 가지 고민이 있다. 충분한 은퇴자금을 가지고 있는지, 같이 할 친구가 있는지, 그리고 취미나 일이 있는지가 주 관심사다. 앞에서 말한 김 씨는 최소한 돈 문제만큼은 해결된 셈이다. 필자는 지금 그가 가지고 있는 돈보다 그가 선택한 부동산 투자 전략이 궁금했다. 그가 말하는 부동산 투자는 다른 투자 자산과 다른 점이 많았다.

첫 번째, 아파트나 토지는 제도와 환경 변화에 전략적으로 적절하게 대처할 수 있느냐 하는 것이 무엇보다 중요하다. 그러기 위해서는 자신이 가지고 있는 부동산에 대한 철저한 분석이 필요하다. 부동산의 주변 상황이 어떻게 변해 가는지 분위기를 먼저 파악해야 한다. 살고 있는 곳과 거리가 너무 떨어져 있어 1년에 한 번 가보기도 어려운 상황에서는 그 변화를 감지하고 대처하기가 쉽지 않다. 실제로 이 사례의 주인공인 김 씨는 직장 근무지인 서울에서 살면서 과천 소재 20평대 아파트를 거주 목적으로 구입하여 2~3배의 시세차익을 얻고 매각한 경험을 가지고 있었다. 때문에 주변 상황이 부동산에 미치는 영향이 크다는 것을 이미 잘 알고 있었다.

두 번째, 인터넷을 통해서 해당 지역을 꼼꼼히 검색해 정보를 파악하고 위성지도 등을 보고 관광지를 살펴보는 것이 필요하다. 또 지자체 홈페이지를 활용해 지역 현안이 무엇인지 살펴보는 노력도 해야 한다. 제주 지역의 부동산 구입 시점에서 제주도가 중국인들에게 각광받는 관광지가 되면 이 지역의 땅값이 만연하게 상승할 것이라는 판단을 가지게 된 것도 제주시청 홈페이지와 각종 언론에 나온 기사를 참조하여 내린 결정이었다.

세 번째, 부동산이 소재하고 있는 주변의 공인중개사와 바닥 인심을 활용해서 현장의 분위기와 정서를 살펴보면서 우리가 생각하는 것과는 많이 다르다는 것을 파악해야 한다. 한마디로 발품을 팔아야 한다. 사전에 분석하고 인터넷 정보를 공유하는 것도 중요하지만 이를 확인하고 적용해 보는 현장 방문은 매우 중요하다. 실제로 지인과 함께 제주 지역에 같은 시기에 비슷한 금액으로 투자했다. 그런데 다른 사람들이 바닷가보다는 논밭에 투자한 반면, 김 씨는 바닷가를 인접한 지역에 투자하여 상대적으로 높은 가격으로 매각이 가능한 사례가 되었다. 투자를 할 때에는 반드시 현지를 방문하여 공인중개사나 그 지역을 잘 아는 사람들에게 조언을 구하고 투자를 하는 것이 필요하다. 그는 이런 부분이 부자가 되게 만드는 성공 습관으로 믿고 있다.

가격보다는
가치를 선택하라

　요즘 시중에서 회자되는 말로 가성비가 그것이다. 그 중심에
는 가치가 있다. 최 회장(59세)은 같은 부동산을 구입하더라도
다른 사람에 비해 충분한 가격을 지불하려고 한다. 그래서 주
변의 부동산 중개소들은 정 회장에 호의적일 뿐만 아니라 그
가 필요로 하는 부동산이라면 언제든지 찾아주려고 했다는 일
화가 많다. 그는 많은 사람들이 좋은 부동산임에도 불구하고
값을 우격다짐으로 깎아서 부동산 구입을 잘했다고 말하는 것
에 대해 단호하게 지적한다. 주변 부동산에 비해 위치나 평수
가 적어도 꼭 필요하다고 생각되면 적정한 가격을 지불한다. 6
층 빌딩을 신축하기 위해 필요한 6평의 자투리땅을 팔지 않겠
다는 소유자를 설득하기 위해 만났다. 소유자에게는 6평짜리
작은 가게이지만 그의 전부라는 것을 잘 알기 때문에 그가 원

하는 가격 이상을 지불했다고 한다. 파는 사람과 사는 사람 모두가 만족하는 거래를 한 것이다.

정 사장(54세)은 고향이 지방의 바닷가다. 그동안 서울에서 대기업에 근무하다가 고향 근처로 내려오면서 어학원의 총괄책임자로 일했다. 그때의 수익으로 종잣돈 20억 원 이상을 모아 그동안 마음속 깊은 곳에 남겨두었던 오래된 꿈을 실현하기 위해 고향 근처의 섬을 구입했다. 단지 앞으로 관광이 확대되고 사람들이 섬에 와서 힐링을 한다는 생각에 구입 시 가격보다는 미래의 가치를 보고 투자한 셈이다. 당시 여수 해양 엑스포가 한창 진행되는 시점이었다. 그때 이 정도 종잣돈이 있다면 도시의 꼬마 빌딩 정도는 충분히 구입할 수 있는 금액이었다.

그가 처음 직장을 그만두고 학원의 총괄책임자로 막 시작할 즈음 기존 학원을 인수하는 대신 새로운 시장을 개척하여 투자한 것이 성공한 이유 중 하나였다. 이런 안목이 있었기 때문에 학원을 개업하는 총괄책임자로 일하는 계기가 되기도 했다. 사람들이 영어학원을 선호하는 지역에 신규 어학원을 개업하여 성황을 이루었다. 그가 선택한 것은 가격이 아니라 사람들의 가치를 중심으로 판단한 결과였다.

또한 그의 투자에 대해 주변 사람들로부터 무모하다고 외면

을 받았다. 그러나 지금은 그의 예상이 적중했다. 자신이 좋아
하면 다른 사람들도 좋아할 것이라는 생각이었다. 근처의 골프
장과 펜션은 사람들로 인산인해를 이루었고, 그가 산 땅은 천
정부지로 상승했다.

최근 그는 새로운 도전에 나섰다. 섬을 팔면 어느 정도 이익
을 보겠지만 그보다 해양스포츠센터를 건립하기로 했다. 작년
한 해 관광객 수가 1천만 명을 육박하여 그 가능성을 보았기
때문이다. 국내외 유수한 호텔업계로부터 이미 투자를 약속 받
아 그가 선택한 가치의 힘이 지금부터 기대가 된다.

정보의 비대칭성이
투자의 성패를 결정한다

⋮

　정기예금에만 십억 대를 투자하다가 2016년 연말에 상승장을 예상하던 김 사장(53세)은 일 년에 한 번 정도 움직이는 투자자였다. 평소에는 시장을 관망하고 분석만 하는 그였지만 기회다 싶으면 과감하게 시장에 뛰어들었다. 그가 투자를 결정하게 된 선택은 시장의 정보를 해석하는 데 있어서 일반 사람들과 달랐기 때문이다. 즉 정보의 비대칭이 한 몫을 했다.

　최근 신문기사를 보면 「코스피 연일 신기록 행진, 그러나 개인들은 구경만…」이라는 제목이 눈에 띈다. 외국인 투자자가 땐 군불의 열기가 증시 전반을 달구고 있다. 삼성전자는 3.3% 올라 2,351,000원으로 거래를 마쳤다. LG전자는 미국에서 스마트폰 시장점유율이 20%를 넘으면서 7.39%가 올랐다. SK하이닉스는 실적 개선 기대감에 1.79% 상승했다. 모두 52주 신고가다. 글로벌 경기 개선 기대감에다 프랑스 대선에서 중도 성향의 에마뉘엘 마크롱(Emmanuel Macron)이 당선되면서 투자심리가 살아났다. 세계 경제성장률뿐 아니라 기업 실적 전망이 상향 조정되는 추세라며 당분간 국내뿐 아니라 해외 주가지수가 사상 최고치 경신을 이어갈 것이라고 전망하고 있다.

이는 주가 상승 흐름이 예상 외로 길게 이어지면서 개인투자자들의 기대감이 회의감보다 커지고 있기 때문으로 분석된다. 김 사장은 오랜 박스피(박스권+코스피의 준말) 학습 효과에 젖어 있던 개인투자자들이 이제는 '박스피가 아닐 수 있다'는 기대를 갖기 시작했다고 말한다. 그동안 장기 박스피에 익숙했던 투자자들이 기계적인 환매로 대응했지만, 시장에 대한 자신감이 향후 더 강해진다면 환매 속도는 점차 느려질 수 있을 것이라고 말했다. 또 경기 회복에 대한 기대감이 커지면서 주식에 대한 투자자들의 거부감이 줄어들고 있기 때문에 코스피 랠리가 더 지속되면 이 같은 분위기는 반전될 수 있을 것이라고 내다봤다.

개인이 증시에서 맥을 못 춘 지는 오래됐다. 이유는 크게 두 가지다. 일단 투자할 여력이 약해졌다. 소득은 제자리걸음인데, 준조세나 주거비 부담은 커졌다. 수년 동안 이어진 박스피에 대한 회의감까지 겹쳐 증시에서 돈을 뺐다. 또 한 가지는 개인의 전형적인 투자 패턴이다. 변동성이 크고 가격이 싼 중소형주 투자가 대표적이다. 짧은 기간에 차익을 낸다는 목적이지만 이런 종목은 대부분 실패로 끝났다. 결론은 투자의 정보비대칭도 한 몫했다.

정보비대칭(Information asymmetry)은 경제학에서 시장에서의 각 거래 주체가 보유한 정보에 차이가 발생하는 불균등한 정보 구조를 말한다. 정보의 비대칭성은 사람들이 보유하는 정보의 분포에 편향이 있어서 경제 주체 사이에 정보 격차가 생기는 현상 또는 그러한 성질을 말한다. 게임의 참가자들 가운데 어떤 참가자가 다른 참가자들이 가지고 있는 정보와 다른 정보를 가지고 있는 상황인 것이다. 예를 들면, 내부자인 경영자가 자신의 기업에 대해 외부 투자자들이 보유하고 있지 않은 정보를 가지고 있는 경우가 비대칭 정보 상황의 예이다. 자본시장의 투자자들은 기업의 수익률에 관한 충분한 정보를 가지고 있지 못하고 다만 그들이 인식한 기업의 현금 흐름 창출 능력에 기초하여 주식의 가치를 평가한다. 하지만 기업의 경영자는 일반적으로 미래의 현금 흐름에 대하여 보다 많은 정보를 가지고 있기 때문에 비대칭정보 또는 정보비대칭의 비근한 예로 자주 인용된다.

　주식시장뿐만 아니라 부동산 시장에서도 마찬가지다. 많은 양의 정보보다는 정보의 질이 중요하다. 정보의 크기와 정보의 깊이가 중요하다는 것이다. 올바른 투자의 방향성을 결정짓는 핵심 단서이기 때문이다.

투자의 기본은
분석이다

:
:
:
:

　막노동을 하던 차 사장(36세)은 이제 국내에서 알아주는 슈퍼개미이면서 자산도 수백억 원에 달할 정도로 젊은 나이에 성공을 이룬 부자다. 돈 버는 방법을 터득하여 주식 투자에 대한 상당한 노하우를 가지고 있는 차 사장은 그만의 노하우를 한마디로 정의하면 분석에서부터 출발한다고 말한다.

　주변의 많은 주식 투자자들이 남들이 이 주식이 좋다고 하면 작게는 몇 천만 원부터 많게는 몇 억 원씩 투자하는 경우를 많이 봐왔다. 심지어 어떻게 알았는지 테마주, 작전주라고 하면서 생전 들어보지 못한 회사에 투자하는 경우도 종종 봐왔다. 자동차를 구입할 때나 몇 만 원짜리 옷을 구입할 때는 이리 재보고 저리 재보는 사람들이 주식 투자는 묻지도 따지지도 않고 과감하게 하는 것이다. 차 사장은 그런 식으로는 주식시장에서 승리하기 매우 어렵다고 단호하게 말한다. 그러면서 그는 투자 지표가 무엇이냐는 질문에 대해 분석이라고 분명하게 대답한다. 투자할 기업의 최근 5년간의 재무제표, 사업 현황, 업종 흐름, 대주주와 CEO 등 한 기업을 꿰뚫고 있어야 가능하다고 말한다.

그리고 한 마디를 더 얹었다.

제가 주식 투자를 전혀 모를 때 가지고 있던 자산은 몇 백만 원도 채 되지 않았습니다. 이대로 사는 것은 미래가 없다는 생각으로 돈이 있으면 사고 싶은 주식을 선정하고 경제 신문을 보면서 그 기업에 대한 기사는 빠짐없이 보고 메모해 두었습니다. 심지어 궁금한 점이 있으면 그 기업의 IR(investor relations) 담당자를 찾아가 자세하게 물어보고, 이를 인연으로 하여 나중에도 그 기업에 대한 정보를 상세하게 얻게 되는 행운까지 건지게 되었습니다. 그래서 삼성전자를 말하면 대주주의 가족사까지 잘 알고 있고, 사업설명회도 빠지지 않으려고 노력하고 있습니다.

알맞은 주식 투자는 가장 단순히 생각해서 자신에게 맞는 투자 방법을 선택하는 것이 중요하다. 자신에게 맞는 투자 방법 이란, 예를 들어 성격에 따라 투자 전략도 달라야 한다는 것이 다. 남들보다 성격이 급한 사람은 중장기 투자는 하지 말아야 하며, 성격이 비교적 느긋한 사람은 단기 투자에 적합하지 않 다. 주식은 심리라는 말을 반증하는 내용이다. 일시적인 기교나 한 번 성공했다고 해서 다음에 성공을 보장할 수 없는 곳이 주 식시장이다. 기본에서 출발해 단순하게 투자하라는 것이 차 사 장의 주식 투자 철학임을 강조했다.

현금 나오는
사업을 하라

누구의 인생이든 쉽고 행복하기만 한 인생은 없다. 부자든 가난한 사람이든 인생은 참으로 힘들고 고통스럽다. 힘들 때마다 아침 어시장의 생선 경매를 자주 찾아간다는 박 사장(65세)은 이런 말을 종종 한다.

"바닥을 쳐야 힘이 생깁니다. 살아 있는 생선들이 펄떡이는 모습을 보면서 삶에 대한 강한 힘을 얻습니다."

박 사장은 한때 돈이 없어 허덕이면서 많이 힘들었다고 한다. 지금은 현금 자산과 부동산이 50억 원대를 육박할 정도로 부자가 되었다. 주로 태양광 시설을 통해 매달 통장에 들어오는 돈만 3천만 원을 육박한다. 그가 직장생활을 하면서 할 수 있는 일을 찾을 때 매달 안정적으로 돈이 들어오는 사업을 찾았다. 그 가운데 태양광 사업이 매달 정해진 돈이 입금된다는 장점이 있다는 것을 알았다. 일조량이 전제되어야 한다는 태양광 사업의 특성 때문에 전국의 임야나 전답을 현장 방문하다 보니 상대적으로 저렴하고 위치가 좋은 부동산을 구입하게 되었다.

그는 필자가 만난 어느 사람보다 부동산에 대한 이해도와 정보력을 가지고 있었다. 구입한 땅 옆에 도로가 생기는 등 생각지 못한 부동산 가격 상승까지 덤으로 얻기도 했다. 돈을 버는 것보다 자기가 생각한 대로 지형이 바뀌는 것을 볼 때마다 뿌듯한 자신감으로 행복하다고 말한다. 그는 오늘도 한전의 전기 단가를 꼼꼼히 챙기는 것으로 하루를 시작한다. 은퇴 이후에는 빚을 없애는 것이 제일 중요하다고 한다. 한때는 직장생활을 하면서 돈이 없어 나는 불행한 사람이라고 스스로가 자신을 힘들게 할 때도 많았다고 한다. 그때마다 전국의 주요 산을 돌아다니던 것이 이제는 자산으로 돌아와서 세상에는 공짜가 없다고 말한다.

그가 태양광 사업을 시작하기 전에는 이 사업을 한다는 것이 남들이 쉽게 가지 않는 길이었다. 기업도 마찬가지다. 같은 길을 가는 기업이 많을수록 경쟁이 심화될 수밖에 없다. 남들이 가지 않는 길에서 성공한 사례로 삼성의 지펠 냉장고가 있다. 흔히 양문형 냉장고는 대부분 월풀과 같은 수입 제품으로서 백화점에서만 구입할 수 있는 사치품으로 인식되었다. 불황기에는 저가 상품이 잘 팔린다는 기존 상식의 틀을 벗어나 고가 시장에 주목하여 지펠 냉장고를 만들었다. 삼성이라는 브랜드를 달지 않고 지펠 브랜드에 60억을 투자했다. 모두가 저가 시장을 바라볼 때 지펠 양문형 냉장고는 고가 시장에서 대 히트를 만들어냈다. 이로 인해 1998년도 시장점유율의 56%에 해당되는 23만 대에서 2003년 시장점유율 62%의 31만 대를 판매하는 등 고가 시장에서 성공한 케이스가 되었다.

돈을 벌거나 사업에 성공하기 위해서는 남들이 가지 않는 길을 가야만 한다. 개인이나 기업 모두 적용되는 말이다. 특히 부자가 되는 것은 더욱 그렇다. 최소한 부자들이 하는 습관이나 행동 패턴을 따라만 해도 성공 확률이 높아질 것이다.

부자들의 역발상을
따라하라

사람들이 돈을 버는 방법은 참 다양하다. 직장생활을 하면서 성실하게 돈을 모은 사람, 사업을 해서 돈을 버는 사람, 주식이나 부동산 등에 투자해서 부자가 된 사람 등 각양각색이다. 직장인이 한 해를 보낸 후 자신의 이력서에 변화가 없다는 것은 충분한 노력을 하지 않았다는 증거다. 부자도 마찬가지다. 자산이 그대로이거나 감소했다면 '돈 버는 시스템'에 문제가 있다는 것이다. 어제보다 오늘, 오늘보다 내일이 나아지지 않으면 부자가 되기 어렵다.

부동산으로 부자가 된 40대 후반의 샐러리맨 정 부장(48세)은 현재 주거하는 40평형대 아파트와 함께 용산 근처 20평형대 상가, 그리고 약간의 금융자산을 가지고 있다. 대기업 점포개발 부서에서 근무하고 있는 그는 자신의 일이 재미있어 시간이 날 때마다 부동산 지식과 경험을 길러온 경우다. 사회에 발을 내딛고 처음 집을 장만한 것도 여느 직장인들보다 훨씬 빨랐다. 가난한 어린 시절을 보냈기에 직장생활을 시작할 때부터 내 집 마련을 첫 번째 목표로 삼아 매진한 결과다. 그는 점포 개발 경험과 부동산 지식을 총동원해 주말마다 발품을 팔았다. 처음 목표는 전세를 살던 서울 마포 지역의 32평형대 아파트를 구입하는 것이었다. 주변 부동산 중개업체가 내놓은 급매물 위주로 현장 방문을 하면서 3개월 정도 집중 조사한 끝에 곧 이민을 떠나는 사람의 급매물을 포착한 것이다.

가격은 2002년 당시 주변 시세보다 무려 5,000만 원 가량 싼 1억9,000만 원 정도였다. 게다가 역세권에 자리해 입지 조건도 좋았으며, 하자도 전혀 없는 깨끗한 부동산이었다. 그는 서너 차례 현장 방문을 나가 향후 아파트의 오름세를 면밀히 따져본 후 집주인을 만나 담판을 시도했다. 중도금과 잔금을 일시에 지급하는 조건으로 1,000만 원을 더 깎았다. 결국 거래가 성사되었고, 그 자리에서 계약한 그는 은행 대출을 받아 부족한 자금 1억 원을 충당했다. 현재 이 아파트 시세는 5~6억 원대에 이른다. 그는 또한 마포 지역에 살면서 인접 지역인 용산 부동산에도 자연스레 관심을 갖게 되었다. 지금은 용산 지역 상권이 확

떴지만 당시만 해도 지하철 공사와 상가 재개발로 주변이 무척 어수선했다. 하지만 그의 눈에는 개발이 완료되면 가격 상승이 예상되는 부동산이 들어왔다.

문제는 당장 투자할 만큼 자금이 없다는 것이었다. 그래서 궁리를 하던 차에 용산 상가지역 주변에서 조그마한 가게가 딸린 주택이 눈에 띄었다. 당장은 살기 불편하지만 요모조모 따져보니 용산 상가지역 개발이 끝나면 제법 가격 상승이 예상됐다. 정 부장은 살던 아파트를 전세로 돌리고 그 가게를 사서 거주하기 시작했다. 이후 용산 지역 개발이 완료되면서 현재 상가 가격은 2배 이상 상승했다. 그는 다시 상가를 전세로 돌리고 그 전세금으로 용산 지역 40평형대 아파트로 옮겨서 살고 있다.

정 부장은 남들이 관심을 갖지 않는 아파트와 사람들이 모이지 않는 버려진 지역에 주목했다. 그의 부동산 투자 지론은 "남들과는 달라야 하며, 먼저 가서 길목을 지켜야 돈을 번다"는 것이다. 부동산 부자들은 항상 대중과 반대로 움직이는 경향이 있다. 현재 가치로 5,000억 달러 이상의 재산을 모았던 미국의 철강왕 앤드루 카네기는 "부자가 된 비결이 무엇이냐"라는 질문을 받을 때마다 "다른 사람과 반대로 행동했다"고 대답했다고 한다.

앞서 달리려면 '역발상의 전략'이 필요하다. 부자들은 많은 사람들이 시장이 끝났다고 말할 때 투자하고, 대부분 사람들이 이제 투자할 때라고 외칠 때 조용히 시장을 빠져나와 다음을 준비한다.

부동산 투자의 열기는
지속된다

    2017년 정부의 세제에 의한 부동산 투기 억제 대책으로서 "8.2 부동산 대책"이 나와 부동산 시장은 급랭하기 시작했다. 부자들은 그래도 믿을 것은 부동산뿐이라는 생각을 많이들 가지고 있다. 일반 개인들은 상대적으로 정보 유통과 관리가 어려운 주식보다는 부동산을 선호하는 편이다. 다수의 전문가들은 우리나라 부동산 시장이 일본식 버블 붕괴 패턴을 따라가지 않을 것이라는 데 무게를 두고 있다. 고령화에 따른 주택 수요 감소가 시장에 영향을 미치는 데에는 시간이 매우 오래 걸릴 것이라고 보았다. 또 일본식 패턴을 따라갈 것이라는 주장은 폭락을 좋아하는 사람들이 과장되게 이야기하는 것이라는 판단이다. 일본은 플라자합의(Plaza Accord)에 따른 엄청난 경제 충격 요소가 있었고, 장기간 마이너스 성장을 했다. 하지만 우리나라는 계속 성장을 하고 있다. 그래서 전 세계에서 유일하게 일본만 떨어졌는데, 우리가 일본을 따라갈 것이라는 가정 자체가 위험한 것이라고 볼 수 있다.

박원갑 국민은행 전문위원은 "산업 구조가 일본과 비슷하니까 부동산 시장도 유사할 것이라는 가정 하에서 일본식 위기론을 이야기하는데, 미래는 만들어가는 것이고 우리는 우리나라 특성에 맞게 봐야 한다"고 말했다. 박 위원은 인구 고령화에 따른 부동산 시장의 충격에 대해 은퇴자들이 노후 생계비 마련이 충분하지 않아 주택을 파는 시점이 언제가 되느냐의 문제라고 말한다. 즉 지금의 주택에 대한 애착과 주택을 투자 대안으로 생각하고 있는 점을 감안하면 고령화에 따른 충격이 조기에 나타나지는 않을 것이라는 전망이다. 또한 우리나라는 주택연금제도가 잘되어 있기에 충격을 완화시키는 데 도움이 될 것이다. 이에 대한 한국은행의 분석은 다음과 같다.

은퇴자의 주택처분(주거면적 축소, 주택연금 가입 등 포함) 행태는 정년(60세) 후 완만히 늘어나다가 실질 은퇴 연령인 70세를 기점으로 뚜렷해진다. 60세 정년이 된다고 바로 주택을 파는 것이 아니라 이후 수년 동안 주택을 유지하다가 70대 이후

처분하는 것으로 나타났다. 정년 직후 주택을 즉각적으로 대거 처분하지 않는 것은 대부분 1주택인 은퇴 가구가 재취업, 창업 등을 통해 경제 활동을 지속하며 자가(自家)를 유지하려고 하는 데 기인한 것으로 보인다. 다만 부채 1,400조 원과 금리 인상이 가장 큰 이슈다. 1,400조 원에 이르는 가계부채는 부동산 시장의 뇌관이 될 수 있다. 한국도 전 세계 흐름에 맞춰 금리 인상 깜빡이를 켠 가운데 가계부채가 부동산 시장에 충격을 줄 수 있기 때문이다. 그 중에서도 금리가 가장 큰 변수이며, 옛날에는 금리 인상이 영향을 크게 미치지 않았지만 지금은 가계부채가 워낙 막대한 규모이다 보니 영향을 미칠 수도 있다. 가계부채를 손보지 않으면 충격은 올 것이다.

이처럼 정부의 부동산 대책이 발표되고, 일본식 위기론이 나오지만 여전히 부동산은 건재하다. 주택을 많이 가지고 있는 다주택자들이 주택을 팔게 해서 무주택자들이 사게 할 수 있는 기회를 주겠다는 것이 정부 취지의 대책이었다. 그러나 여전히 강남 재건축 아파트의 분양 열기는 뜨거웠고, 투기과열지구임에도 자산가들은 대출 규제에도 건물을 사고자 하는 분위기다. 게다가 또 주택 수에 포함되지 않은 매물은 여전히 인기다.

무엇보다 사람이 몰리는 대단지나 대기업 등의 상권이 형성된 곳에는 여전히 투자 열기가 뜨겁다.

『2017 한국 富者 보고서』에 따르면 한국 부자(금융자산 10억 원 이상인 개인)의 보유 부동산 규모는 평균 28.6억 원으로 국내 전체 가계의 부동산 자산 평균인 2.5억 원의 약 11배 수준으로 나타났다. 한국 부자의 부동산 최초 구입 시기는 서울에 아파트가 본격적으로 건립되기 시작한 1970년대 후반부터 시작해 1990년대 후반의 비중이 22%로 가장 높았다. 2000년대 초반과 1990년대 초반 순이었으며, 구입 지역은 강남 개발이 본격화되던 1980년대 중반까지는 서울 강남의 비중이 가장 높았다. 다음에 노원구와 마포구 등에 대규모 주택 단지가 건설된 1980년대 후반에는 서울 강북이, 분당과 일산 등 서울 근교 신도시 건설이 이루어진 1990년대 초에는 경기 지역의 구입 비중이 높았음을 확인할 수 있다.

거주 부동산의 경우, 아파트가 77%로 국내 일반 가구의 아파트 비중 48%를 크게 상회하고 있어 한국 부자들에게 아파트가 가장 보편적인 주거 형태임을 알 수 있다. 그 다음 순으로 단독과 연립주택, 주상복합이다. 은퇴 후 자산 관리 방법으로도 44.4%가 부동산 투자를 우선으로 꼽았다. 여전히 부동산에 대한 대한민국 부자들의 사랑은 식지 않았다. 앞으로도 계속될 것인가에 대해서는 현재 같지는 않겠지만 방향성은 유지할 것이란 전망이 전반적이다.

 부동산 최초 구입 시기별 구입 지역

최초 구입 시기	서울 강남	서울 강북	경기도	충정도	전라도	경상도
1970년대	36.4	18.2	27.3	-	9.1	9.1
1980~1984년	47.4	15.8	21.1	5.3	-	-
1985~1989년	28.3	32.6	15.2	6.5	4.3	10.9
1990~1994년	14.9	12.8	31.9	2.1	8.5	29.8
1995~1999년	21.7	23.3	18.3	-	5.0	26.7
2000~2004년	49.0	12.2	10.2	-	10.2	10.2
2005~2010년	36.7	20.0	10.0	10.0	10.0	3.3
2010년 이후	31.3	12.5	25.0	-	12.5	18.8

※출처: 「2017 한국 富者 보고서」 (2017, KB금융지주 경영연구소)

부자의 부동산 투자 원칙은
입지다

부동산은 크게 타이밍, 정책 그리고 입지에 의해 결정된다. 특히 수익의 99%는 입지에 달려 있다. 장례식장을 운영하는 정 사장(59세)은 오랫동안 사업을 해왔기에 시장을 잘 아는 사람이다. 그는 늘 지인들에게 하는 이야기가 부동산은 입지라고 말한다. 학군, 역세권, 먹거리 등 입지의 핵심은 '사람이 모으는 것이다'라는 것으로 좋은 입지를 정의하고 있다. 그는 상당한 부동산 부자다. 가격이 좀 비싸더라도 입지가 좋다면 과감하게 결정하는 편이다. 그런 정 사장은 부동산 판단 기준이 가격이 아니라 부동산 입지라고 확언한다.

또 전기공사업을 오랫동안 해서 큰돈을 번 김 사장(57세)은 돈이 모일 때마다 부동산을 구입하여 상당한 자산가가 되었다. 공사를 하면서 자연스럽게 주변 부동산 상황을 알게 되었고,

미래 전망에 대해서도 남다른 시각을 가지게 되어 돈이 되는 부동산이 무엇인지 명확하게 알게 되었다. 사람들이 모이는 곳에 상가나 빌딩을 신축하다보니 자연스럽게 그 주변 땅을 구입하여 부동산 시세차익을 얻었다. 부동산 성장 지역에 대한 김 사장의 생각은 명확하다. 사람이 모이는 곳의 입지가 돈이 되는 지역이다. 사람들이 모이는 지역, 일자리가 많은 지역, 젊은 사람이 많이 사는 지역은 구매력이 크다. 또 역세권을 성장하는 부동산으로 말하고 있다.

국내 최고 부동산 권위자 박원갑 박사는 집을 지을 수 있는 땅을 구입하는 것이 기본이라고 주장한다. 평수는 넓지만 임야 같은 땅은 실제로 대를 이어 넘기는 경우가 많다는 것이다. 아파트는 그래도 서울 지역 중심으로 구입하는 것이 유리하다. 결국 인구가 집중되는 곳에 부동산을 구입하는 것이 부자의 지혜일 것이다.

특히 수익형 부동산에 대해 어느 정도 기본 지식을 갖춘 투자자들이 무엇을 언제 살 것인지 정했다면, 그 다음 단계는 어디에 투자할 것인가이다. 여기서 말하는 수익형 부동산은 종류가 다양하고 각각의 상품에 따라 돈이 되는 입지 조건이 다를 수밖에 없다. 투자자는 원하는 상품에 맞는 입지 조건과 유망

지역을 먼저 꼼꼼하게 분석한 다음에 투자해야 한다. 입지 분석이 선행되지 않은 상태에서 무작정 남들이 하는 대로 따라 한다면 그 투자가 어떤 방향으로 흘러갈 것인지는 보지 않아도 알 수 있다.

주택도 예외는 아니다. 최근 오랫동안 아파트 생활을 청산하고 가격은 좀 비싸지만 타운하우스를 선호하는 사람들의 경향은 결국은 입지다. 아파트의 답답함을 벗어나 자연의 풍요로움을 선호는 것도 입지다. 벌어들이는 소득은 미미하게 늘어나는데 집값은 속절없이 뛰면서 서민들의 내 집 마련의 꿈이 더욱 멀어진 것으로 나타났다. 특히 한국 인구 5명 중 1명이 몰려 사는 서울에서 아파트 한 채를 사려면 가구가 벌어들이는 소득을 1원도 쓰지 않고 12년 가까이 모아야 하는 것으로 파악됐다. 2017년 6월 18일자 통계청과 KB부동산의 자료를 보면 지난해 기준으로 전국 아파트 평균 가격은 3억1천801만 원, 가구당 연평균소득(경상소득 기준)은 5천124만 원이었다.

집을 사는 목적으로 투자보다는 편한 생활을 꼽는 주택 수요자가 늘어난 것으로 나타났다. 주택산업연구원은 수도권의 입주 1년 미만의 아파트 거주자 500명을 대상으로 주택 구입 결정 요인에 관한 설문조사를 한 결과, 주변 교통 등 '입지 조건'을 가장 중시했다는 답변이 28%로 가장 많았다고 한다. 앞서 실시한 같은 설문에서는 투자 가치가 29.5%의 지지를 받아 가장 중요한 요인으로 꼽혔으나, 올해는 21.5%로 입지 조건에 밀렸다. 집값 상승에 대한 기대감이 낮아지면서 집을 살 때 이젠 생활의 편의성을 가장 많이 따지고 있는 셈이다.

입지에 따라 사람이 모여드는 요인으로 부동산 트렌드가 5년 혹은 10년마다 바뀌는 이유가 바로 여기에 있다. 그렇다면 2010년부터 2017년까지 최근 7년의 기간은 어땠을까? 큰 줄기로 보면 논란의 여지없이 '수익형 부동산 열풍'이라는 말로 모든 게 설명되는 시기였다. 시장 규모가 갑자기 커지면 트렌디한 유행 상품이 잇달아 공급되기 마련이다. 2011년 이후 오피스텔, 도시형 생활주택, 분양형 호텔, 렌털하우스 등이 1~2년씩 전성기를 누렸다. 서울 강서구 마곡단지에 대단위 아파트가 입주하자 가격이 상승하는 것, 제주도가 최근 전국 부동산 상승률 1위를 차지한 것은 결국 전국에서 사람들이 모여들기 때문이라는 것이 설명된다. 아파트의 성지 강남 3구와 세종시, 부산도 예외는 아닐 것이다. 아파트 입지는 결국 사람들이 많이 오는 곳이 입지 명당이다.

부자들은 중소형 빌딩으로
이동하고 있다

요즘 저금리, 저성장, 저물가와 고령화로 통칭되는 3저1고 시대에 살고 있다. 그러다 보니 과거처럼 높은 투자수익률을 내는 투자 자산은 찾기 힘들다. 그래서 요즘 부자들은 늘 하던 대로 틈새시장에 주목하고 있다. 그중에서도 중소형 빌딩을 쇼핑 중이다.

중소형 빌딩 거래 활성화의 주요 원인은 저금리 등에 따른 대체 투자처 확보 수단으로 중소형 빌딩에 대한 관심이 증가한 것이다. 2012년 이후 기준금리 하락의 영향으로 정기예금 등 안전자산의 수익률은 하락한 반면, 상업용 부동산의 투자수익률은 상승세. 서울 내 중대형 상가의 투자수익률은 2012년 4% 후반을 저점으로 상승하여, 2015년 4분기에는 6.31%까지 상승했다. 반면에 정기예금 금리는 기준금리 인하의 영향으로 역사적 저점 수준인 1% 초반까지 하락하면서 두 투자 자산 간의 수익률 스프레드(yield spread)가 확대되었다.

높은 수익률 확보와 함께 펀드 등 금융상품에 비해 상대적으로 안전한 투자 자산으로 인식되면서 중소형 빌딩에 대한 자산가들의 관심과 매수가 증가하고 있다. 한편 중소형 빌딩 투자수익률 개선에는 자산가치 상승에 따른 자본수익률 상승이 원인이 되었다. 부동산의 투자수익률을 구성하는 요소 중 임대료 수입을 주요 원천으로 하는 소득수익률은 2010년 이후 큰 변화가 없는 추세이다. 반면에 저금리와 토지가치 상승의 영향으로 자본수익률이 상승하면서 투자수익률 개선에 직접적 요인으로 작용하였다.

부자들은 주식이나 부동산도 항상 선점하여 매입하고 판다. 상가 부동산의 주요 구매자이자 국내 부동산 시장의 대표적 투자층인 베이비부머 세대의 빌딩 시장 진입 본격화가 그 증거다. 최근 은퇴기를 접한 1차 베이비부머 세대는 주택을 활용하여 자산가치 증식을 경험한 세대로서 기본적으로 부동산 투자에 대한 선호도가 높다.

주택을 통한 시세차익 기대는 낮아진 반면, 안정적 임대 소득 확보에 대한 니즈는 강해졌다. 그래서 월세 소득 확보가 가능한 수익형 부동산에 대한 관심이 증가하고 있다. 특히 자산 기준 20~30억 원 이상을 보유한 고자산 베이비부머 세대들이 담보대출을 활용한 중소형 빌딩 매수에 적극적으로 참여하는 것으로 판단된다. 한편 자영업자, 전문직 종사자 등 젊은 자산가들의 중소형 빌딩 시장 진입도 활발해지고 있다. 30~40대 성공한 창업자와 IT 개발자 등 전문직 종사자들도 중소형 빌딩 매수에 적극적으로 참여하면서 자산 규모가 큰 60대보다 40대의 매수 비중이 높아지는 등 자수성가한 30~40대 자산가들의 매매 수요도 지속적으로 발생하고 있다.

앞으로 상당 기간 이러한 추세는 지속될 것으로 보인다. 부자들은 이러한 상황을 알기 때문에 대거 이 시장으로 이동 중이다.

부자는 구도심 부동산이나
가치주를 선호한다

부자에 대한 편견이 송두리째 무너지는 대목이다. 많은 사람들은 돈이 많아서 돈이 돈을 번다고 생각하지만 그 이면을 들여다 보면 고개를 끄덕이게 되는 것이 있다. 아무도 관심을 가지지 않는 구도심의 부동산이나 지금은 관심을 받지 못하고 있는 기업의 주가에 투자하는 것을 종종 보게 될 때이다.

지금은 가진 자산이 누구에게나 말할 수 있을 정도로 많은 김 사장(50세)은 몇 차례 사업으로 기복이 있는 젊은 날을 경험했었다. 최근 지방의 변두리 지역에 소형 아파트를 분양하여 소위 완판을 시켜 성공을 이룬 사업가이기도 하다. 몇 해 전만 해도 가진 자산이 없어 실망할 때도 있었지만 김 사장이 가진 사업 경험은 가장 큰 자산이었다. 그는 도시 지역에서 대형 건설사들이 이미 아파트를 공급하다 보니 단지가 클 수밖에 없었다. 이점에 착안하여 군이나 읍 지역처럼 상대적으로 아파트 공급이 적은 지역을 찾아 오래된 부동산을 구입하고 상가나 아파트를 공급하는 전략을 해왔다. 결과는 성공적이었다. 군이나 읍은 도시에 비해 상대적으로 아파트 문화가 형성되지 않아 수요가 많다는 것이다. 그래서 김 사장은 지금도 발품을 상당히 많이 팔고 있다. 김 사장의 남다른 점은 그저 이익만 챙기는 것이 아니라 일정 부분 그 지역으로 이익이 돌아갈 수 있도록 지역사회에 대한 기부도 빠트리지 않는다는 것이다.

김 사장이 구도심의 부동산을 눈여겨보는 이유 중 다른 하나는 사회 변화이다. 2017년은 새로운 대통령 취임과 과거와의 결별 등이 겹쳐지는 격동기라고 볼 수 있다. 베이비부머의 대표격인 개띠 58년생 공무원이 대거 퇴직하는 시기이기도 한다. 내년에 만 60세가 되는 1958년생들은 올해 공로연수나 명예퇴직으로 모두 은퇴한다. 정년 60세가 법제화되기 이전에 상당수 기업의 실질적인 정년이 55세였기 때문에 민간 영역에서 일했던 동갑내기들은 이미 4~5년 전부터 일선에서 물러났다. 이 때문에 공직의 '58년생' 은퇴는 사실상 우리 사회에서 베이비부머의 전면적인 퇴장을 의미한다. 어려운 유년기를 보내면서 먹을거리가 궁핍했던 보릿고개를 마지막으로 경험했던 세대이기도 하다.

고등학교 평준화가 시행돼 '뺑뺑이 세대'로 불렸고, 성년이 되면서 군사 독재였던 유신 정권의 몰락과 제5공화국의 탄생이라는 정치적 격변기를 경험했다. 그렇지만 한강의 기적으로 불리는 급속한 경제 성장 덕에 어렵지 않게 일자리를 구할 수 있었고, 지금과 같은 취업난은 겪지 않았다. 사회의 중요한 허리 역할을 담당하던 1997년에는 외환 위기라는 유례없는 경제적 파고를 온몸으로 겪어내면서 파란만장한 시대를 풍미했다. 이들에게는 아파트보다 향수가 있는 어릴 적 살던 단독주택과 전원 생활이 로망으로 남아 있다. 비록 시골로는 갈 수 없지만 도시의 오래된 가옥을 리모델링하여 복고풍을 선호하는 트렌드가 있기에 구도심 주택을 선호하는 것이다.

워런 버핏은 가치투자의 대명사이기도 하다. 그는 특출한 투자 실력과 기부 활동으로 '오마하의 현인'으로 불리고 있다. 2016년 《포브스》지는 워런 버핏을 세계 3대 부자로 선정하였으며, 2012년 미국 《타임》지에서는 세계에서 가장 영향력 있는 100인으로 선정하기도 했다. 그가 강조하는 말 중 "명성을 쌓는 데는 20년이란 오랜 세월이 걸리지만, 명성을 무너뜨리는 데는 채 5분도 걸리지 않는다"는 말이 있다. 그걸 명심한다면 당신의 행동이 달라질 것이다.

쉽게 말해 초보들의 주식 투자 방법으로 가장 우선시해야 하는 마인드가 있는데, '욕심은 절대 금물'이다. 처음으로 주식 투자를 해야 한다면 자신이 다 날려도 상관없을 정도의 마음으로 할 만한 금액만 정하는 것이 좋다. 우리가 로또를 살 때 1,000~10,000원 정도는 다 날려도 상관없다는 마음으로 편안하게 하듯이 말이다. 물론 주식이 로또처럼 완전히 다 날릴 확률이 거의 99.9%인건 아니지만 적어도 감내할 손실만큼만 하는 것이 옳다. 자신이 모아 놓은 돈의 전액을 모두 주식 투자에 소위 몰빵하는 초보만큼 어리석은 투자 방법도 없다. 재테크든, 주식이든, 투자든 뭐든 간에 수익도 좋지만, 정신 건강이 피폐해지면 아무 쓸모없음을 명심해야 한다. 그래서 투자를 해도 그 가치가 있는 주식 즉, 코카콜라, GE, 삼성전자 등 우리들의 삶과 관련이 깊은 기업에 투자하는 하는 것이 가치투자의 방법이라는 것을 잊어서는 안 된다.

부자의 금융상품 선택은
유동성에 있다

최근 자산가들은 주식 투자에 곤혹스러워하고 있다. 갑작스 럽게 300포인트 이상 급상승한 주가에 대해 충분한 준비를 하 지 못했기 때문이다. 외국인들의 바이 코리아가 주요 원인이었 다. 이러한 상황에서 정보의 중요성은 더욱 커지고 있다.

『2016 한국 富者 보고서』에 따르면 한국 부자의 자산 관 리 최대 관심사 1순위는 '금융상품 및 금융시장 정보' 분야 인 것으로 나타났다. 금융자산 10억 원 이상을 보유한 부자의 33.3%가 금융상품과 금융시장의 정보에 부족함을 느끼고 목 말라 한다는 것이다. 다음으로 '부동산 투자정보'(29.5%), 그리 고 '자산 포트폴리오 설계와 조정'(11.5%) 등이 주요 관심사인 것으로 파악됐다. 전 국민의 0.41%인 21.1만 명의 한국 부자들 은 가계 총 금융자산의 15.3%인 476조 원을 보유하고 있으며,

이미 금융 재테크의 경지에 오른 고수 자산가들이다.

우리나라 자산가들이 가장 선호하는 금융투자상품은 지수연계증권(ELS)과 지수연계신탁(ELT)인 것으로 나타났다. 다음으로는 단기 금융상품과 정기예금, 외화예금 등을 들 수 있다. 이는 KEB하나은행과 하나금융경영연구소가 2017년에 발간한 『2017 Korean Wealth Report』 조사 결과에 따른 것이다. 하나금융경영연구소는 국내 부자들의 자산 관리 형태 및 경제적 특징, 트렌드 변화 등의 연구를 위해 2007년부터 매년 보고서를 발간해왔다. 올해는 PB 고객 1,028명을 비교 분석했다. KEB하나은행은 이번 설문조사에서 기존 PB 고객 외 PB 담당 직원에 대한 설문조사도 병행해 실시했다고 밝혔다.

보고서에 따르면 부자들이 가장 선호하는 투자방식은 ELS와 ELT이며, 2순위는 단기 금융상품(1년 미만 정기예금, MMDA, CMA 등)으로 불확실한 금융시장에 대비해 적정 수준의 유동성을 확보하려는 계획을 세웠다. 3순위는 정기예금이 꼽혔고, 외화예금 역시 달러화 강세에 대한 기대감이 반영돼 선호도가 올라갔다. PB들도 부자에게 추천하고 싶은 금융상품 1순위로 ELS 및 ELT를 꼽았다. 다만 주식형펀드, 외화예금, 부동산·대체투자펀드 순으로 다른 투자상품은 부자들의 선호와 조금 달랐다.

부자들의 82%는 외화 자산을 보유하고 있으며, 전체 금융자산 중 평균 5%(중위값 기준)를 외화 금융자산(주로 외화예금 64%, 달러 구조화상품 14%, 달러 ETF 9%)에 투자하는 것으로 집계됐다. 특히 부자들은 금융자산 규모가 크거나 연령대가 낮을수록 외화 금융자산에 적극 투자하는 것으로 나타났다. 앞으로 투자 계획을 묻는 질문에는 '구체적인 계획이 없다'는 응답이 과반을 차지했으나(45%), '현재보다 비중을 늘리겠다'는 응답이 32%로 '비중을 줄일 계획이라'는 응답(2%)에 비해 현저히 높은 응답률을 보였다.

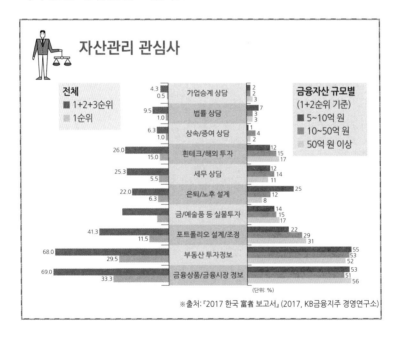

자산관리 관심사

전체
■ 1+2+3순위
■ 1순위

금융자산 규모별
(1+2순위 기준)
■ 5~10억 원
■ 10~50억 원
■ 50억 원 이상

	전체 1+2+3순위	전체 1순위		5~10억 원	10~50억 원	50억 원 이상
가업승계 상담	4.3	0.5		2	2	3
법률 상담	9.5	1.0		7	3	3
상속/증여 상담	6.3	1.0		1	4	
핀테크/해외 투자	26.0	15.0		12	15	17
세무 상담	25.3	5.5		12	14	11
은퇴/노후 설계	22.0	6.3		25	12	8
금/예술품 등 실물투자				14	15	17
포트폴리오 설계/조정	41.3	11.5		22	29	31
부동산 투자정보	68.0	29.5		55	53	52
금융상품/금융시장 정보	69.0	33.3		53	51	56

(단위: %)

※출처: 『2017 한국 富者 보고서』 (2017, KB금융지주 경영연구소)

2017년 부자들의 선호 금융상품과 PB들의 추천 금융상품

순위	2017년 부자들의 선호 금융상품	선호 응답비율(1, 2, 3순위 통합)
1	지수연계증권(ELS), 지수연계신탁(ELT)	60%
2	단기금융상품(1년미만 정기예금, MMDA, CMA)	50%
3	은행 정기예금(만기 1년이상)	48%
4	위안화, 달러화 등 외화예금	23%
5	주식형펀드(공모)	16%
6	주식 직접투자	13%
7	부동산/대체투자펀드(공모형)	13%
8	채권형펀드(공모)	12%
9	사모펀드	11%
10	외환 마진거래	9%

순위	2017년 PB들의 추천 금융상품	선호 응답비율(1, 2, 3순위 통합)
1	지수연계증권(ELS), 지수연계신탁(ELT)	86%
2	주식형펀드(공모)	34%
3	위안화, 달러화 등 외화예금	30%
4	부동산/대체투자펀드(공모형)	26%
5	단기금융상품(1년미만 정기예금, MMDA, CMA)	20%
6	원자재(금, 원유 등)	19%
7	외환 마진거래	17%
8	상장지수펀드	16%
9	사모펀드	14%
10	은행 정기예금(만기 1년이상)	8%

※출처: 『2017 Korea Wealth Report』(2017, KB하나은행 하나금융경영연구소)

부자들은 투자 의사결정 시 어떤 요인을 가장 중요하게 고려하고 있을까? 가장 중요하게 생각하는 요인은 투자 안정성(원금보장)이며, 높은 수익률, 절세 효과(세금 혜택)도 고려하는 것으로 나타났다. 부자들의 투자 유형을 분류해 보면 안정추구형이 67%로 가장 다수였고, 수익추구형 16%, 절세추구형은 10%로 나타났다. 100억 원 이상 초고자산가의 경우 안정추구형 비중이 79%로 가장 높았고, 연령대가 높아질수록 안정추구형 비중은 상승, 많은 자산을 보유한 고연령대 부자들이 원금 보장을 추구하는 보수적인 투자 성향이 높게 나타났다.

부자들은 자산 관리 및 운용에 대한 의사결정 시 주로 의논하는 대상으로 PB를 가장 많이 꼽았고(43%), 다음으로는 배우자(25%)라고 응답했다. 반면 부자들의 26%는 '혼자 판단해서 결정한다'고 응답했다. 부자들은 투자 의사결정 시 PB들의 관여 수준도 상당히 높은 편이라고 응답했다. 금융상품 선택과 운용 전략은 PB에 대체로 의지하되(76%, 중복응답), 잘 모르는 상품은 투자하지 않거나(52%, 중복응답), 투자 타이밍은 직접 결정(46%, 중복응답)하는 의사결정 패턴을 보였다. 다만 부동산의 경우 PB나 주변 지인보다 공인중개사(매입매각 부동산, 인근이나 평소 알고 지내던 공인중개사)의 전문적인 자문을 구하는 비율이 과반수(53%)로 나타났다.

금융상품을 잘 고르는 원칙을 살펴보면 다음과 같다.

첫째, '수익성 확인'이다. 어느 정도의 수익률이 발생할 것인가를 확인하는 것은 금융상품을 선택하기 전에 가장 먼저 해야 할 일이다.

둘째, '유동성 확인'이다. 유동성은 다른 말로 환금성이라고 표현하기도 하는데, 쉽게 말해 돈이 필요할 때 언제든지 보유하고 있는 금융상품을 별 다른 손해 없이 현금화할 수 있는 특징을 말한다. 이 특징은 부동산을 비롯한 다른 투자 상품과 비교했을 때 금융상품이 갖는 가장 큰 특징이자 장점이다.

셋째, '안정성 확인'이다. 이 말은 곧 원금이 보장되느냐, 아니냐라는 뜻이다. 이러한 측면에서 주식이나 펀드처럼 변동성이 크고 원금을 잃을 우려가 있는 상품은 안정성이 낮고, 정기예금처럼 원금이 보장되는 상품은 안정성이 높다고 할 수 있다.

넷째, '투자 기간 확인'이다. 투자한 돈을 언제 찾을 것인지 생각하지 않고 무턱대고 금융상품을 선택하면 손실을 볼 우려가 있다.

지금까지 금융상품을 선택할 때 꼭 지켜야 할 4가지 원칙을 살펴보았다. 그리고 이 원칙들이 서로 긴밀한 관계를 유지하고 있어 하나의 원칙만을 적용해서는 좋은 금융상품을 선택할 수 없음을 알았다. 따라서 금융상품을 잘 고르려면 이 4가지 원칙을 유기적으로 검토하여 자신의 투자 목적과 일치하는 금융상품을 찾아야 한다. 그러면 투자의 절반은 이미 성공한 것이나 다름없다. 무엇보다 투자 성공은 높은 수익률이 아니라 원금을 지키는 것이다. 워런 버핏의 투자 원칙 첫 번째는 원금을 잃지 않는 것이다. 두 번째 원칙도 원금을 잃지 않는 것이다.

 금융상품을 잘 고르는 원칙

1. '수익성 확인'이다.
2. '유동성 확인'이다.
3. '안정성 확인'이다.
4. '투자 기간 확인'이다.

부자들은 언제든지 팔 수 있는
자산을 선호한다

가장 치열한 전투는 가장 강한 군인들에게만 주어진다. 가장 강한 군인은 잘 싸운 군인이 아니라 강한 신념으로 뭉쳐진 군인이다. 2016년 일본을 배경으로 한 전쟁 영화 「핵소 고지(Hacksaw Ridge)」에서 실제 주인공이자 의무병으로 자원입대한 데스몬드 도스(Desmond Doss)는 부상병 75명을 구하여 미군 최고의 영예인 '명예의 훈장'을 수여받은 실화를 바탕으로 만들어진 영화다.

부자들도 투자에 대한 신념을 가지고 살았기에 부자가 되었을 것이다. 투자의 세계는 그만큼 다양한 이해 관계자들이 관여하기 때문에 마치 전쟁터나 다름없다. 이 전쟁터 같은 투자의 세계에서 살아남기 위해서는 자기만의 투자 원칙이 필요하다.

자수성가한 부자들의 투자 원칙을 보면 다양한 방법이 있으며, 개개인에 따라 다른 것을 알 수 있다. 그 중에서 특히 기억이 나는 것은 '언제든지 팔 수 있는 자산'을 꼭 매입한다는 것이다. 최근 부자들은 그 어느 때보다 세금에 대하여 민감하다. 실물자산만큼 절세 자산이 또 없다. 자녀들에게 결혼 기념으로 은행에서 판매하는 골드바를 구입하여 주려고 하는 김 사장(70세)은 오랫동안 생각하다가 자녀 3명에게 5천만 원 상당의 골드바를 주기로 결정했다. 5천만 원까지 증여세 면제라는 고민과 함께 가격 상승 이점이 있다는 것도 결정하게 된 배경이다. 원금이 없어질 가능성이 주식보다는 비교적 안전한 것도 골드바의 매력이기 때문이다. 국제 금 시세·환율을 확인해 매입 시기를 결정해서 구매할 수 있고, 소지자가 언제든 은행에 다시 팔아 현금화가 가능하다는 장점도 있다.

금융자산 이외에 일반인들이 투자할 수 있는 자산들에는 토지, 상가, 주택과 같은 부동산이나 미술품, 골동품, 귀금속 같은 현물을 생각해볼 수 있다. 다만 향후 저성장과 인구의 감소로 인한 현물 자산가치의 장기적 하락 가능성이 대두되고 있다. 이런 상황에서 장기적 안목에서 대안투자처를 찾는다면 금(골드) 투자를 권할 만하다. 금은 지구상에 존재하는 광물 가운데 매장량이 한정되어 있고 가장 안정적인 물성을 보유해 예로부터 통화의 대용 수단으로 사용되어 왔다. 지금도 통화가치 기준으로 당당한 입지를 확보하고 있다. 무엇보다 각국의 양적완화 조치로 인해 현금 가치가 떨어지게 되면 금값은 상대적으로 오르게 된다.

금에 투자하는 방법은 금통장, 금펀드 같은 금융상품에 가입하는 방법과, 실물로 상품화된 골드바를 구입하는 방법이 있다. 이 중 금펀드는 금과 관련된 사업을 하는 주식들을 담은 펀드에 가입하는 것이라 조금 다르지만, 기본적으로 가치 평가는 국제 금 시세와 환율에 의해 이뤄지게 된다. 따라서 매입을 하는 순간의 국제 시세와 환율을 확인해 시기를 결정하는 것이 필요하다. 국제 시세는 단기적으로는 제조업 등 산업적 수요나 투기 자금의 수급이 시세에 영향을 주지만, 장기적으로는 희소성이 증대되어 가치는 지속적으로 오르게 된다. 환율은 장기적인 방향성을 누구도 장담할 수 없으므로 매입과 매도 결정의 타이밍을 자신에게 유리한 환율에서 실행하는 수밖에 없을 것이다.

은행에 금 구입과 매도를 위임하고 그 내용이 찍힌 금통장만 소유하는 것과 달리, 골드바는 은행에서 매입한 실물 금괴를 본인이 수령하여 본인이 보관하거나 타인에게 선물하거나 은행의 대여 금고에 보관할 수 있다. 은행의 경우 한국조폐공사에서 품질 보증을 하고 있고, 소지자가 언제든 은행에 재매도해 현금화가 가능하다.

부자들은 원금이 사라지는
투자를 꺼려한다

부자들이 부자가 아닌 사람과 구별되는 대표적인 덕목 중 하나다. 김 사장(49세)은 일식 요식업을 하는 소위 자수성가형 부자다. 그동안 20대부터 가게를 운영하면서 20억 원 이상 자산을 모으게 되었다. 그런 그에게 허락하지 않은 원칙이 있다. 높은 수익률보다는 원금을 유지하는 것이다. 워런 버핏의 투자 원칙과 비슷하다. 투자원칙의 첫째는 원금을 잃지 않는 것이다. 둘째도 원금을 잃지 않는 것이다. 김 사장은 일전에 가지고 있던 전 자산을 높은 수익률이 기대된다는 말에 솔깃해 비상장 주식에 투자했다가 알거지가 된 경험을 가지고 있다. 그 후로는 스스로에게 약속을 했다. 원금은 반드시 지킨다는 것이다. 즉 원금을 확보한 상태에서 수익률을 따진다는 평범한 진리를 뒤늦게 알게 되었다고 고백한다.

최근 주식시장에서 그동안 갇혀 있던 박스권을 탈출하는 모습을 보이자 많은 사람들은 너나 할 것 없이 주식시장으로 모여들고 있다. 조금은 걱정되는 부분도 있다. 실제로 부자들은 어떤지 궁금하지 않은가? 결론적으로 수익이 기대되지만 공격적인 투자는 자제하고 있다. 주식이라는 투자자산은 변화무쌍한 고점과 저점이 형성되는 특징을 가지고 있다. 부자들은 이점을 잘 알고 있기 때문이다. 그래서 가지고 있는 자산의 일부만 투자를 하고 있다. 그것도 아주 보수적인 수익을 기대한다. 그것은 원금이 없어지는 학습 경험을 통해 형성된 지혜 중의 하나다.

정 회장(63세)은 부동산개발업을 하지만 주식에도 상당 자금을 운영하는 부자다. 가지고 있는 자산은 50억 정도 되는데, 대부분의 자산은 부동산, 특히 토지에 많은 자금을 투자한 상태다. 주식은 대형주 위주로만 운영하면서 수익률은 3% 이내로 하고 비교적 운영 기간을 6개월 이내로 하여 철저히 수익 관리에 치중하는 편이다. 그런데 부동산만큼은 예외다. 가지고 있는 자산의 80% 이상을 전국 토지에 투자해 놓은 상태다. 물론 일반 사람들이 똑같이 정 회장처럼 해도 결과는 다를 것으로 판단된다. 정 회장은 부모로부터 일정 금액을 종잣돈으로 받았고, 투자 시에는 철저히 원금을 잃지 않아야 한다는 투자 원칙을 배워왔다.

토지는 주식에 비해 회수 속도는 늦을지 모르지만 원금 손실 가능성은 낮다는 것을 잘 알고 있을 것이다. 원금이 살아 있어야 언제든지 내일의 기회를 마련할 수 있다는 점을 잘 일깨워 주는 부분이다. 부모로 받은 억대 자산은 이제 몇 십억 원의 자산으로 커진 상태다. 주식과 채권은 부동산에 비해 원금에 손실이 발생할 수 있다는 중요한 사실을 잊으면 투자 세계에서 생존하기 힘들다는 사실을 명심해야 한다.

투자의 바로미터 금리에
주목하라

부자들은 투자를 하거나 자산 관리를 할 때 무엇을 기준 지표로 삼는지 궁금할 것이다. 개인차나 시대 차이는 존재하지만 한 가지 분명한 것은 '금리'만큼 중요한 투자 변수는 아마 없을 것이다. 금리 흐름은 곧 돈의 흐름을 읽을 수 있기 때문이다.

장례식장을 운영하는 김 회장(60세)은 아무리 바쁘더라도 경제 뉴스에서 놓치지 않는 기사가 미국 금리와 유럽 금리 그리고 대한민국 금리다. 요즈음 가장 큰 기회와 위험은 무엇인가라는 화두에 대해서도 그 답은 '금리'이다. 금리가 상승하면 부동산이 상승할 것이라는 지금까지의 고정관념은 더 이상 통용되지 않을 것이다. 부동산 구입을 하기 위해 은행에서 대출받은 구입자의 이자 증가로 부동산 거래가 축소될 것은 뻔한 일이기 때문이다.

주가도 상승할 것이라는 기존 생각을 이제 수정할 필요가 있다. 주가는 기업의 실적이 좋아야 상승하는데 대출이자가 상승하면 기업의 이자 비용이 증가하여 결국 이익 감소로 주가 하락의 요인이 된다. 금리가 상승하면 채권수익률은 증가할 것이라는 전제가 계속 이어질 것인가에 대한 회의도 들고 있다.

지금 많은 국가들이 제로 금리를 유지하고 있지만 이것이 언제까지 계속될지에 대한 확신과 희망적인 기대는 어려울 수 있다. 영국의 브렉시트(Brexit)와 미국 대선에서 도널드 트럼프의 승리는 세상에 한 가지 개념을 심어주었다. 세금을 감면해 주면 경기는 활성화될 것이라는 것이다. 세금에 대해 한 마디 더 하자면, 법인세율이 1% 떨어질 경우 추가적으로 S&P 기업 주당 이익은 1.50달러 증가한다. 공화당 일각에서 제시하는 것처럼 법인세율이 26%에서 20%로 내려간다고 가정하면 올해 이익 성장 측면에서 10% 증가한다고 볼 수 있다.

이 계산에는 해외에 묶여 있는 2조 4,000억 달러의 자금은 포함되어 있지 않다. 만약 이 자금이 다시 국내로 돌아와 부채 상환, 인수합병, 자본 지출에 쓰이거나 배당금 형태로 주주들에게 돌아간다면 이 또한 엄청난 경제 부양 효과를 낼 것이다.

성장 전망이 나아진 반면, 연방준비제도(연준)가 오랫동안 이야기해왔던 점진적인 방식보다 훨씬 더 빨리 긴축해야 한다는 압박을 받을 가능성이 있다. 그 결과로 2018년에 침체기를 맞을 수도 있다. 가장 큰 리스크는 금리다. 10년 만기 채권의 수익률이 주식배당수익률보다 낮은 상황을 맞고 있다. 역사적인 기준에서 보면 익숙하지 않은 환경이다. 세상이 뒤집혔다. 자본이득을 위해 채권을 매수하고, 수익을 위해 주식을 사고 있다. 금리 리스크는 이런 상황이 아주 빠르게 뒤집힐 수 있다는 것을 의미한다.

이제는 정기예금 같은 저금리 상품을 가지고는 충분한 수익률을 얻기가 힘든 시절이 되었다. 위험을 관리하면서 단기보다는 장기적인 투자가 필요한 때다.

디플레이션?
현금성 자산을 확보하라

⋮

디플레이션 시점이 올 때를 대비하여 자산의 50% 이상을 정기예금 같은 현금성 자산에 재편해야 한다. 근래에 한국이 일본의 '잃어버린 20년'이라는 전철을 밟지 않으려면 생존이 불가능한 기업에 대한 구조조정과 디플레이션 관리 등에 박차를 가해야 한다고 국제통화기금(IMF)이 지적했다. IMF가 내놓은 「한국이 직면한 도전-일본의 경험에서 배우는 교훈」이라는 조사보고서에서 한국이 최근 직면한 도전은 일본이 이미 맞섰던 도전과 유사하다면서, 한국도 일본처럼 주식과 부동산 버블이 터지면서 장기간 경기침체를 겪는 이른바 '잃어버린 20년'에 접어들지 주목된다고 했다.

조선업, 해양, 화학, 자동차 산업의 침체로 노동집약 산업의 구조조정 필요성이 그 어느 때보다 절실하다. 조선업 중심 도시는 폭탄을 맞은 것처럼 폐허가 되어가고 있고, 실업자가 늘어나고 있다. 거기에다 정치권은 요동치고 있다. 한국은 세계적으로 가장 빠른 속도로 고령화가 진행되고 있으며, 곧 인구 감소가 닥쳐올 것이다. 잠재성장률의 극적인 하락과 물가상승세의 부진 등이 현재 또는 가까운 미래에 직면해 있어서 일본의 20년 전과 유사하다는 설명이다.

보고서에 따르면 일본은 1990년대 초반 주식과 부동산 시장 버블이 터지면서 경제성장률이 곤두박질쳤다. 하지만 부실채권 처리를 1997년 아시아 외환 위기가 터질 때까지 미루고 있다가 신용경색에 빠지면서 마이너스 성장에 빠져들었다. 인플레이션 하에서는 현금이나 현금에 준하는 자산을 소유하면 손해를 입는다. 돈의 가치가 떨어지기 때문이다. 따라서 금이나 부동산과 같은 실물자산에 투자하는 것이 유리하다. 인플레이션이 높을수록 채무자의 채무액 실질가치는 하락하기 때문에 채무자에게 인플레이션은 빚을 탕감해 주는 역할을 한다.

하지만 디플레이션 하에서는 주가는 하락하고 부동산의 가격도 하락한다. 디플레이션 하에서는 현금이나 현금에 준하는 자산이나 안전한 채권에 투자하는 것이 유리하다. 디플레이션 하에서는 채무자의 채무액 실질가치가 증가하기 때문에 디플레이션은 채무자의 적이다. 최근 부자들이 주목하는 것이 경제의 사이클이다. 결국 성장과 쇠퇴가 반복된다는 사실에 주목하고 있다. 그래서 은행권에 금리 인상과 맞물려 정기예금과 채권 가입이 늘어나고 골드바 구입이 증가하는 추세이다.

나만의 돈 버는 시스템을
구축하라

⋮

2000년대 초반까지만 해도 전 세계 휴대폰 시장에서 1위를 하던 대표 기업이었고, 핀란드의 25퍼센트 경제 성장을 이끈 한 나라의 대표 기업이었던 노키아가 지금은 어떻게 되었는가? 몰락했다.

많은 세계적인 기업들이 변화를 통해 성장과 실패를 경험하고 있다. 한때 핸드폰 시장을 호령했던 노키아는 지금 그 흔적도 없다. 실패한 가장 큰 이유는 세계의 휴대폰 시장에서 1위였던 노키아가 스마트폰이라는 새로운 제품과 시대의 변화로 인해 몰락의 과정을 겪었다는 것이다. 노키아의 입장에서 어쩌면 그동안 구축해 놓은 생산과 품질에 대한 기술력으로 새로운 시장보다 안정적인 시장을 지향하였을지 모른다. 하지만 결과는 몰락이다. 과연 노키아 그룹의 인재들이 그렇게 많았을 텐데 자만심이었을까? 아니면 시대가 변하기 전에 시대를 변화시킬 새로운 무언가가 나오면서 노키아의 제품들이 필요가 없어져서 도태된 것이 아닐까?

최근에도 세계적인 일본 기업 도시바의 파산이 있었다. 1970~1980년대 일본 도쿄대 공대생들이 가장 선호하는 기업은 도시바와 닛산자동차였다. 도시바는 문과 출신들도 가장 입사하고 싶어 하는 초일류 기업이었다. 제너럴일렉트릭(GE)의 전구를 최초로 판매했고, 냉장고, 세탁기, 전자레인지의 일본 내 생산과 판매도 1호였다. 1990년대에 이미 매출 5조 엔을 넘는 거대 기업이었다. 1984년 도쿄 중심부 미나토 구(港區)에 40층짜리 빌딩을 세워 쾌적한 근무 환경을 자랑하기도 했다.

정작 도요타자동차는 당시 대학생 선호도가 동종 업종인 닛산에도 밀렸다. 신입 직원들은 오히려 지방대 출신이 많았다. 본사도 도쿄에서 300킬로미터나 떨어진 일본 아이치 현(あいちけん)이었다. 전자 기업에 비해 연봉도 적었고, 2류 기업이라는 느낌이 물씬 풍겼다.

하지만 도요타는 이들과 색다른 점이 있었다. 도요타는 신화가 있었고 영웅을 가졌다. 창업주인 도요타 기이치로(豊田喜一郎)를 비롯한 도요타 가문의 성공담은 한편의 서사(敍事)를 만·

들기에 충분했다. 더럽고 험한 자동차 부품을 만지는 직원들에게 선배들은 손을 자주 씻지 말도록 했다. 하루에 몇 번씩 손을 씻으면 일을 배울 수 없다는 것이 선배들의 가르침이었다.

연구개발도 머리로 생각하지 말고 반드시 실험하도록 했다. 뭐든지 현장 우선이었다. 그들은 이런 문화에서 일을 배우고 꿈과 상상력, 창조력을 키워나갔다. 모든 종업원이 참가해 필요한 물건을 즉시 생산해내는 JIT(just in time) 방식이나 가이젠(改善) 등 '도요타 웨이'도 이런 현장에서 자연스럽게 이뤄졌다.

닛산자동차가 외국 기술의 힘을 빌려 고급차를 고집했을 때 도요타는 그들의 '암묵지(暗黙知, tacit knowledge)'로 그들만의 방식을 형성했던 것이다. 물론 이 방식은 수백 번, 수천 번의 시행착오에서 나왔다. 최근 도요타의 가이젠 혁신 노력이 약간 떨어졌다고는 하지만 암묵지는 자율주행차 시대에도 여전히 빛을 발하고 있다.

한국의 부자도시 울산의 경제는 현대중공업과 현대자동차를 거점으로 하는 공업도시다. 그런데 이번에 조선 산업의 붕괴로 대우조선해양의 경우 상당한 피해를 지역 경제에 미쳤다. 현대중공업의 경우 이전에 조선 외에 현대오일뱅크의 자회사와 그동안 보유한 자산이 많아서 그 위기를 이겨내고 있는 것이지,

기업이 영원하지 않다는 것을 보여주고 있다. 만약 이런 울산 경제가 새로운 기술력 혁명 시대에 현대차가 따라가지 못해서 노키아처럼 몰락한다면 어마어마한 여파가 일어나지 않을까? 정말 끔찍한 가정이다.

결국 기업뿐만 아니라 개인도 현재의 순간을 지키려는 것이 바로 위기다. 부자가 되는 것도 같은 맥락이다. 부자가 아닌 사람들을 만나서 현재까지 가진 재산이 얼마인가?

그동안 번 돈이 얼마인지, 직장인의 경우 근무 기간 동안 받은 연봉을 합하면 얼마인지 따지다보면 스스로가 돈 버는 방법이 부자가 되기에는 충분하지 않다는 것을 인정하게 될 것이다. 이 정도면 편하게 살겠지라는 생각이 가장 위험한 생각이다. 나보다 남다른 돈 버는 시스템을 가진 기업과 개인은 빼앗으려고 하기 때문이다.

필자가 만난 부자들은 역시 돈 버는 시스템도 달랐다. 내가 돈을 버는 것보다 돈이 돈을 버는 시스템, 사업을 통한 돈 버는 시스템, 그리고 부동산이 대신 벌어주는 돈 버는 시스템을 가지고 있었다. 이 기회에 자신의 돈 버는 시스템을 점검해 보자.

한국의 부자들이 말하는
성공의 '7가지 힘'

    2011년부터 2015년까지 5년간 한국 부자들의 규모 변화를 연평균 증가율(CAGR)로 살펴보면 부자 수는 10.3%, 금융자산은 10.6%로 매년 약 10%의 꾸준한 증가율을 보인 것으로 나타났다. 그렇다면 한국에서 부자가 되기 위해서는 무엇이 필요할까? 많은 사람들은 부동산 투자를 해야 한다고 주저하지 않고 말한다.

    『2017 한국 富者 보고서』(KB금융지주 경영연구소)를 보더라도 한국 부자들의 보유 부동산 규모는 평균 28.6억 원으로 국내 전체 가계의 부동산 자산 평균 2.5억 원의 약 11배 수준이다. 물론 한국의 지리적 구조상 부동산은 공급보다 수요가 초과하기 때문에 중요한 재테크 수단인 것만은 분명하다. 그러나 주변을 둘러보면 부동산만으로 부자가 된 사람이 대다수가 아니다. 부자들의 돈 버는 방법을 알아갈수록 그들이 한 가지 방법으로 부를 축적한 것이 아니라는 확신이 들었다. 그들에게는 보통 사람과 다른 무언가가 있었다.

부자 마인드를 가져라

대부분의 사람들은 돈이 있어야 부자가 된다고 생각한다. 그러나 실제 돈이 있을 때 무엇을 할 것인가에 대한 질문을 해보면, 어떻게 사용해야 할지에 대해 구체적으로 생각하고 있는 사람은 별로 없다. 돈을 벌고 유지할 수 있는 부자 마인드가 부족한 것이다. 부자 마인드는 부자가 되는 가장 기본이 되는 덕목이다. 필자가 운영하고 있는 SERI포럼 부자특성연구회의 설문조사에서 부자 마인드가 가장 중요하다고 응답한 사람이 전체의 61%나 되었다. 건강(24.5%), 재테크 전문지식(7.7%), 종잣돈(3.5%) 순이었다.

부자 마인드를 갖기 위해서는 무엇보다 부자 습관을 만들어야 한다. 처음에는 사람이 습관을 만들지만, 나중에는 습관이 사람을 만든다. 어떠한 습관을 가지고 있느냐에 따라 부자가 되느냐 아니면 가난한 사람이 되느냐가 결정된다. 한국의 부자들은 명함을 받으면 명함 뒷면에 만난 사람과의 관계, 출신, 그리고 만난 일자, 대화 내용 등을 꼼꼼히 기록한다. 돈이 된다고 생각하면 십 리를 마다하지 않고 발품을 팔아 땅을 보고 사람을 만나는 노력도 아까워하지 않는다. 10원을 중요하게 생각하지 않는 사람은 100원을 벌 수 없다. 성공하기 위해, 또 부자가 되기 위해서는 좋은 마인드를 가져야 한다. 생각이 바뀌면 행동이 바뀌고, 행동이 바뀌면 습관이 바뀌고, 습관이 바뀌면 인생이 바뀐다는 매슬로우의 조언은 시금석이 될 것이다.

스스로를 이끌어라

비전이 방향성이라면 자신을 이끄는 힘은 나침반이다. 비전을 달성하기 위해서 내 안에 있는 자력(自力)인 것이다. 한국의 부자들은 어려운 난관을 뚫고 오늘에 이르게 만든 것이 무엇보다 '자신을 이끄는 힘'이었다고 주저하지 않고 말한다. 우리는 흔히 이것을 리더십, 또는 인내심, 결단력, 실천력 등으로 표현한다. 부자의 리더십은 '스스로를 이끄는 힘'을 말한다. 자신의 성공적인 인생을 실현시킬 비전을 설정하고 그 비전을 실현하도록 자신의 행동에 영향을 끼쳐 부자가 되기 위해 자신과 환경을 변화시켜가는 과정이다. 즉, 셀프 리더십이야말로 진정한 부자의 힘이다.

한 푼의 돈을 소중히 생각하라

부자가 되는 길은 그리 쉽지 않다. 하고 싶은 욕구를 절제하고 덜 먹고 덜 입는 것에서 시작된다. 부자와 가난한 사람과의 가장 큰 차이점은 돈 버는 방식의 차이에 있다. 지금 당신이 버는 액수에 비해 좀처럼 돈이 모이지 않는다면 지금의 방식을 과감히 버리고 180도 전환해야 한다. 그러지 않으면 앞으로도 부자가 될 확률은 매우 낮다.

재테크 노하우를 배워라

『2016 한국 富者 보고서』(2016, KB금융지주 경영연구소)에 따르면 한국 부자들 총자산 구성비는 부동산자산 51.4%, 금융자산 43.6%, 기타자산 5.0%로 부동산 비중이 다소 높은 구조를 보이고 있으나, 부동산자산 비중은 점차 낮아지는 추세다. 부자들의 가장 주된 자산 축적 방법은 '사업체 운영' '부모의 증여/상속' '부동산 투자' 순이나 총자산 규모가 클수록 '부모의 증여/상속' 비중이 증가하는 것으로 나타났다. 투자 습관도 유전된다. 부모가 부자일 경우 자식이 부자가 될 확률이 그렇지 않은 경우보다 높은 것으로 나타났다. 그리고 저축과 투자도 자녀가 부모의 재테크 노하우를 배워서 습관처럼 대물림

된다는 것이다. '돈이란 돌고 도는 것이라 부도 가난도 오래 지속되지 못한다'는 속담은 오늘날에는 맞지 않다.

자산이 많을수록 빌딩 및 상가에 대한 투자 선호도가 증가하는 경향이 뚜렷하다. 금융자산 중에는 현금과 예적금이 42%를 차지하며, 보험 19%, 주식 및 펀드 등이 약 30%에 이르는 것으로 나타났다. 점차 현금/예적금 비중이 감소하고 신탁/ELS 등의 간접투자 상품과 채권에 대한 투자 비중이 높아지는 추세이다.

현명하게 빚을 내라

부자는 돈을 빌려 어떻게 사용할까? 가난한 사람은 카드 빚을 갚기 위해, 또는 소비를 위해 돈을 빌린다. 반면 부자는 투자를 위해 얻는 경우가 일반적이다. 부자에게는 돈 빌리는 규칙이 있다.

첫째, 부자는 돈을 빌리는 이유가 분명해야 한다. 투자를 위해서인지 혹은 소비를 위해서인지, 그 이유가 분명해야 한다. 분명한 투자 목적을 갖고 있지 않다면 빌린 돈은 순식간에 사라진다는 것을 경험으로 잘 알 것이다.

둘째, 갚을 능력을 고려해서 돈을 빌린다. 급하다고 무조건

빚내고 나중에 대책 없이 허덕이지 않는다.

셋째, 좋은 빚과 나쁜 빚을 구분한다. 생산적인 빚인지 아니면 소비적인 빚인지를 정확하게 파악하여 빚을 얻는다.

넷째, 이자 및 상환 조건 등 유리한 조건에서 돈을 빌린다. 급하다고 고리의 이자를 부담하고 사채를 사용하지 않는다.

다섯째, 좋은 조건으로 돈을 빌리기 위해서는 신용 관리가 필요하다. 그래서 단골 거래 은행을 정하고 정기적이고 장기적으로 거래할 필요가 있으며, 먼저 받은 대출이 있다면 연체는 절대 금물이다.

소비를 잡아라

한국의 부자들은 유형에 따라 돈 쓰는 방법이 조금씩 다르다. 상속형 부자와 신흥형 부자, 그리고 전문가형 부자는 비교적 돈 쓰는 일에 익숙하지만, 자수성가형 부자는 돈 쓰는 데 상당히 인색한 편이라고 할 수 있다. 하지만 작은 돈 쓰기에 인색한 자수성가형 부자라도 경우에 따라서는 큰돈을 쓰는 경우가 있다. '정승같이 돈 쓰는 방법'은 행복한 부자가 갖추어야 할 필수 덕목이다.

부자들은 돈을 쓰기 전에 이것이 꼭 필요한 것인지, 아니면

가지고 싶은 것인지 '필요'와 '소유욕'을 명확히 구분한다. 이것을 극복하지 못하면 부자가 될 수 없다. 부자의 인생에서 돈을 쓴다는 것은 돈 관리에 있어서 가장 중요한 핵심이기 때문이다.

세상과 함께하는 '행복한' 부자가 되어라

지방에서 작은 중소기업을 운영하는 민 사장(55세)은 어렸을 때 너무 힘들게 살았지만 지금은 수입억대의 자산가이다. 돈이 없어 밥을 사먹기가 어려웠던 시기에 재래시장 식당 아주머니가 자기에게 무료로 주었던 음식을 잊을 수가 없었다고 한다. 그래서 자신이 받은 사랑을 갚기 위해서 주말이면 노인들이 모이는 공원에서 노인들에게 무료 식사를 대접하고 있다. 너무나 즐거워하는 그의 모습을 보면 나눔이란 받는 사람보다 베푸는 사람에게 더 큰 기쁨을 주는 것이 아닐까 하는 생각을 해보게 된다.

기부의 참뜻을 아는 행복한 부자들은 다음과 같이 기부하라고 조언한다.

- 감성적으로 기부하지 말라.
- 기부를 습관화하라.

- 기부 전에 목적과 누구에게 할 것인가를 결정하라.
- 기부한 돈이 누구에게 어떻게 쓰이는지 확인하라.
- 자원봉사도 기부라는 인식을 가져라.
- 가족과 함께하라.
- 세금을 체납하지 마라.

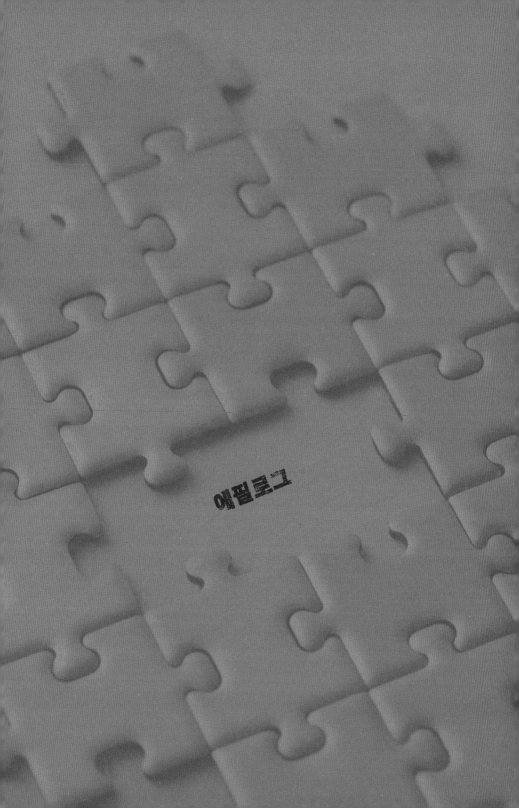

에필로그

나만의 부자 멘토를 만나라

대부분의 부자들은 투자나 인생의 선배를 가지고 있다. 실수나 위험을 줄이는 것이 부를 늘려나가는 데 있어서 필수이기 때문이다. 부자들이 잘하는 것 중 하나가 바로 세 사람의 멘토를 찾는 것이다.

부자의 길을 가고 있다면 다음 3가지 질문에 '예'라고 답할 수 있어야 한다.

□ 부자의 길을 안내하는 부자 멘토가 있는가?
□ 멘토를 만나고 싶을 때 항상 만날 수 있는가?
□ 멘토는 당신에 대하여 자세히 알고 있는가?

모르는 길을 찾아 나설 때 아는 사람에게 물어서 가는 사람이 있고, 지도를 가지고 스스로 찾아가는 사람도 있다. 각종 재테크 서적을 읽거나 신문이나 재테크 사이트를 통해 열심히 기사를 검색하고 있다면 지도를 가지고 혼자 찾아가는 타입이다. 지나가는 사람에게 길을 묻다가 엉뚱한 곳을 가르쳐주어서 헤매어본 경험이 있는 사람이라면 더욱 지도를 선호할 것이다.

지금은 내비게이션이 있어서 주소만 알면 전국 어디든지 쉽게 찾아갈 수 있다. 하지만 낯선 지방에 가서 이정표만 보고 운전을 하다가는 낭패를 당하는 경우가 한두 번이 아니다. '법원' 이정표를 따라가는데 중도에 갑자기 법원이 사라지고 전혀 다른 지명이 나온다. 초행길에 법원이 어디에 붙어 있는지도 모르는 상황에서 입찰 시간에 쫓기다 보면 당황스럽기 이루 말할 수 없다.

국내 여행이라면 지도나 내비게이션을 이용하여 찾아갈 수 있지만 목적지가 해외라면 단순히 지도만 가지고 여행을 떠날 수는 없다. 사람들이 흔히 가지 않는 곳이라면 더욱 철저한 준비가 필요하다. 10년이 넘은 옛날 정보를 가지고 외국의 오지를 여행한다면 즐거운 여행이 아니라 탐험을 하는 것과 같은 고통이 따를 것이다.

초여름에 해발 4,158미터의 스위스 융프라우 산을 케이블카를 타고 올라갔었다. 정상은 만년설로 덮여 있었고 얼음 동굴이 있었다. 여행사에서 가는 단체여행이 아닌 개별적으로 떠난 여행이어서 사전에 정보가 충분하지 못했다. 가을 옷을 여벌로 준비해 갔던 우리 가족은 주로 건물 안에서 구경하다가 내려와야만 했다.

짧은 일정으로 떠나는 해외여행도 사전에 충분한 준비가 없으면 여행의 즐거움을 만끽할 수 없다. 그런데 부자가 되기까지 많은 시간이 걸리는 부자여행을 정확한 정보와 철저한 준비 없이 시작한다면 목적지에 닿을 수 없을 뿐만 아니라 고생에 비하여 얻는 것이 빈약할 것이다. 지도에 나와 있지만 옛날 길은 없어져서 조금만 더 가면 다시 돌아 나와야 할 길을 가서는 안 된다.

어제의 재테크와 오늘의 재테크가 같을 순 없다. 각종 부동산 대책을 끊임없이 쏟아내는 상황에서는 대책이 발표될 때마다 자신의 투자 상황을 점검해야 한다. 과거의 잘못된 정보에 의존하여 길을 가면 시간이 흐를수록 목적지에서 멀어질 뿐이다. 이제까지 가보지 않은 길을 떠나면서 지도와 함께 최근에 그 길을 가본 사람의 이야기를 듣는다면 목적지에 도달하는 데 어려움이 없을 것이다. 각종 재테크 서적과 정보는 부자여행을 떠나는 사람에게 지도와 같다. 지도에 의존하여 혼자서 길을 찾지 말고 부자들의 실제 경험담을 들어야만 한다.

한 걸음 더 나아가 안전하게 목적지까지 안내해 줄 부자 멘토를 만나 동행한다면 부자여행은 한결 즐거운 여행이 될 것이다. 어떻게 하면 부자가 되는지 혼자 고민하지 마라. 모르는 길은 물어서 가라. 모르는 것을 묻는 것은 부끄러운 일이 아니다.

부자가 되는 길은 새로운 길이 아니다. 부자인 사람들은 그 길을 다 알고 있다.

부자의 길을 인도해 줄 멘토를 가까운 주위에서 찾아라. 자신을 속속들이 알고 있는 사람 중에서 구할 수 있다면 행운이다. 멘토와의 정기적인 만남을 통해 부자의 길에서 벗어나는 일이 없도록 인도함을 받아라.

히말라야 등반을 성공적으로 하기 위해서는 현지인 셰르파들의 도움이 절대적이다. 그들은 정상에 오르지는 않지만 정상 도전에 필요한 모든 정보와 도움을 제공한다. 부자가 되는 것은 당신의 몫이다. 부자 멘토는 당신이 부자가 되도록 도와주는 셰르파의 역할과 같다.

세상을 자신의 머리로만 살아가려는 사람이 가장 어리석은 사람이다. 자기보다 더 지혜로운 사람의 경험을 빌릴 수 있는 사람이 진정 지혜로운 사람이다. 부자가 되기 위하여 고민하지 말고 든든한 길잡이 노릇을 해줄 부자 멘토를 구하여 동행하면 부자여행의 즐거움을 만끽할 수 있을 것이다.

이런 부자 멘토를 만나라

일본에서 돈의 전문가로 유명한 경영 컨설턴트인 혼다 켄은 그의 책 『부자가 되려면 부자에게 점심을 사라』에서 일본의 고액 납세자를 대상으로 한 설문조사를 통해 멘토로 삼을 만한 부자들의 10가지 공통된 사고방식을 정리했다.

1. 부자들은 돈이 아닌 좋아하는 것, 잘하는 것, 남을 위하는 것을 직업으로 택했다.

2. 부자들은 수익에 일희일비하기보다 매순간 성실하게 임했더니 돈이 따라왔다고 고백한다.

3. 부자들은 노력하는 과정에서 운이 따라온다고 생각한다.

4. 부자들은 위기에서 배운다. 심지어 위기를 겪어봐야만 성공할 수 있다고 말한다.

5. 부자들은 주변 사람들의 신뢰와 지지를 쌓으려고 노력한다.

6. 부자들도 멘토에게 배운다. 그 멘토는 찾으려고 집착하기보다 우선 자신의 일에 최선을 다할 때 찾아온다고 한다.

7. 부자들은 배우자들의 열렬한 지지를 바탕으로 성공했으며, 배우자와 돈독한 신뢰를 형성하고 있다.

8. 부자들은 자녀들을 좋은 학교에 보내는 데 집중하는 것이 아니라 인생을 스스로 개척하는 법과 많은 경험을 전해 주려고 한다.

9. 부자들은 장기적인 안목으로 세상을 바라보고 그 목표를 향해 매일매일 지속적으로 실천하는 사람들이다.

10. 부자들은 자주 결단을 하고 평소에 미래에 닥칠지도 모를 문제에 대비한다.

적게 벌어도 확실한 부자설계

초판 1쇄 인쇄 2018년 1월 18일
초판 1쇄 발행 2018년 1월 29일

지은이 | 문승열
펴낸이 | 하인숙

펴낸곳 | (주)더블북코리아
출판등록 | 2009년 4월 13일 제2009-000020호

주소 | (우)07983 서울시 양천구 목동서로 77 현대월드타워 1713호
전화 | 02-2061-0765
팩스 | 02-2061-0766
이메일 | doublebook@naver.com

ⓒ 문승열, 2018
ISBN 979-11-85853-33-8 (03320)